宇宙存在の眼

地球を見守る

R・A・ゴールのメッセージ

RYUHO OKAWA

大川隆法

JN081970

まえがき

地球を見守る宇宙存在として、R・A・ゴールという方が存在することを明らかにしたのは、おそらく私が最初だろう。二〇一九年十二月に、中国・武漢《ぶかん》発コロナウィルスの危機と、中国で生じた事故を、私に初めて伝えてきたのは、このR・A・ゴールだった。

こぐま座アンダルシアβ《ベータ》星から来たという、メシア資格を持つ宇宙存在は、地球の未来計画と密接にかかわっている。

私が説くべき法の最後にして最大のものは、おそらく『宇宙の法』であろうから、これからますます影響力は増してくるものと思われる。

地球人類は、大きな愛の力によって、見守られている。そしてその力は、地球に正義を打ち樹《た》てようとしている。どこまで宇宙の秘密が明かせるかは、おそらく、私たちの精進《しょうじん》と信用の積み重ねにかかっているだろう。

二〇二〇年　九月二十二日

幸福《こうふく》の科学《かがく》グループ創始者兼総裁《そうししゃけんそうさい》　大川隆法《おおかわりゅうほう》

地球を見守る宇宙存在の眼　目次

第一部　地球を見守る宇宙存在の眼

第1章　R・A・ゴールの霊言《れいげん》

二〇二〇年八月二十六日　収録
幸福の科学　特別説法堂《せっぽうどう》にて

4 人類が抱《かか》える諸問題に答える　75

5　宇宙のメシア存在と闇《やみ》宇宙について

第2章　コロナ・パンデミックの「ネクスト・ステージ」を語る

——ＵＦＯリーディング55——

二〇二〇年五月十四日　収録
幸福の科学　特別説法堂にて

2　コロナ問題についてR・A・ゴールの意見を聞く　131

第二部　R・A・ゴールのメッセージ

第1章　宇宙的メシアを輩出《はいしゅつ》する星とは

――UFOリーディング3――

二〇一八年九月十六日　収録
幸福の科学　特別説法堂にて

第2章 宇宙時代の到来《とうらい》と未来社会

――UFOリーディング14――

二〇一八年十月二十一日 収録
幸福の科学 特別説法堂にて

第一部　地球を見守る宇宙存在の眼

「霊言現象《れいげんげんしょう》」とは、あの世の霊存在等の言葉を語り下ろす現象のことをいう。これは高度な悟《さと》りを開いた者に特有のものであり、「霊媒現象《れいばいげんしょう》」（トランス状態になって意識を失い、霊が一方的にしゃべる現象）とは異なる。外国人霊や宇宙人等の霊言の場合には、霊言現象を行う者の言語中枢《ちゅうすう》から、必要な言葉を選び出し、日本語で語ることも可能である。

なお、「霊言」は、あくまでも霊人《れいじん》の意見であり、幸福の科学グループとしての見解と矛盾《むじゅん》する内容を含《ふく》む場合がある点、付記しておきたい。

第1章　R・A・ゴールの霊言《れいげん》

二〇二〇年八月二十六日　収録
幸福の科学　特別説法堂《せっぽうどう》にて

R・A・ゴール

こぐま座アンダルシアβ《ベータ》星の宇宙人。宇宙防衛軍の司令官の一人であり、メシア（救世主）資格を持つ。宗教家的側面を併《あわ》せ持ち、惑星《わくせい》レベルで優《すぐ》れた文明をつくる力を備えている。現在、大川隆法として下生《げしょう》しているエル・カンターレを防衛する役割を担《にな》っている。

［質問者はＡと表記］

〈霊言《れいげん》収録の背景〉

二〇二〇年五月十四日収録の「ＵＦＯリーディング55」（第一部第2章）から約三カ月後、世界の様子や今後の情勢についてどのように見ているのかを聞くために、Ｒ・Ａ・ゴールを招霊《しょうれい》した。

1　R・A・ゴールが見通す「コロナ危機」の今後

「人類がコロナ危機をどう乗り越《こ》えていくか」を第三者的に見ている

（編集注。背景に、大川隆法総裁の楽曲「THE THUNDER《ザ サンダー》――コロナウィルス撃《げき》退曲《たいきょく》――」がかかっている）

大川隆法　ふうー……（息を吐《は》く）。

R・A・ゴールさん、R・A・ゴールさん。R・A・ゴールさん。八月も、もう終わろうとしています。R・A・ゴールさん。これから先の見通しも兼《か》ねて、何らかの追加のインスピレーションをお与《あた》えください。

R・A・ゴールさん、R・A・ゴールさん。追加のインスピレーションをお願いします。

（約五秒間の沈黙《ちんもく》）

R・A・ゴール　R・A・ゴールです。

質問者A　おはようございます。

R・A・ゴール　はい。

質問者A　いつもありがとうございます。

R・A・ゴールさんに最後に伺《うかが》ったのは今年（二〇二〇年）の五月で、新型コロナウィルスについてと、世界情勢についてお伺いしました（本書第一部 第2章参照）。

今、八月末になっていまして、その後についてもお伺いできればと思います。

R・A・ゴール　はい。

質問者A　まず、今、世界でコロナウィルスの問題がまだありますけれども、どのような感じでご覧になっておられますか。

R・A・ゴール　うーん……。というか、まあ……、第三者的かもしれないけれども、「人類がどういうふうにこの危機に対処し、乗り越《こ》えていくか」を見させていただいています。

「文明の境目」として、どういうふうにこれを乗り越えていくのか、今、見ているところで。政治的混乱も起きていますし、外交や軍事的な混乱も起きていますし、経済的にこれからどこまで行くかということもありますし、これを乗り越える「智《ち》慧《え》」があるかどうか、第三者の目で見ています。

「中国への糾弾《きゅうだん》」の時は確実に迫《せま》ってきている

質問者A　最初、コロナウィルスが広がり始めたばかりのころも見てくださっていたと思うのですが、そのときに宇宙の眼から見ていて、「地球がどうなっていくのか」と予想されたことと、今の現実に、何か違《ちが》いはありましたか。

R・A・ゴール　そうですねえ。中国が被害《ひがい》を少なく言いすぎているところは、「そこまで隠蔽《いんぺい》するか」という、ちょっと驚《おどろ》きはありましたけどね。

質問者A　確かに。中国で発祥《はっしょう》したにもかかわらず、まだ、武漢《ぶかん》のなかに国際機関が入って調査することもできていないですし、原因探究もできていないままで……。

R・A・ゴール　そう。世界から訴《うった》えられているのに、「知らぬ存ぜぬ」でやっていて、「アメリカ発だ」「ヨーロッパ発だ」とか、いろんなことを言っているんでしょう?

質問者A　そうなんですよ。

おそらく、宇宙の方々からすると、「中国の体制の見直しまで含《ふく》めて、少しは何か事が動くのではないか」と思われていたところもあるのかなと思ったのですが、地球は一向に進んでいないかもしれません。

R・A・ゴール　まあ、そうでもないんですけどね。そのやり取りを通してね、世界が中国に対して腹を立てており、また、外交的に孤立《こりつ》させようとしている動きがすごく加速していますので。

その意味では、ちゃんと、〝なるべくしてそうなってきている〟ような気がするんですが、「そういう嘘《うそ》つきの国と、真っ当な付き合いはできない」ということですよね。外国の人たちの生命や安全にもかかわることなのに、情報を開示せず、真実を明らかにしないというのは、これは許しがたいことですよね。

その意味での糾弾《きゅうだん》は、少し緩《ゆる》やかで遅《おそ》いけれども、確実に迫《せま》ってきております。

質問者A　確かに。

中国国内の患者《かんじゃ》はどこかに収容され、隠《かく》されている？

R・A・ゴール　直接的なものとしてはですね、中国発で出たものなら、まあ、私の考えとしては、例えば、アメリカが五、六百万人も感染《かんせん》するというなら、中国は八百万人やそのくらいは感染していなければ、おかしいんですけれどもね。

まあ、どうやって抑《おさ》え込《こ》んだのかも、よく分からないんですよ。「武漢を閉鎖《へいさ》した」というのはありましたが、「それで全中国が安全になった」というのは、ちょっと理解ができないですね。

質問者A　理解できないですね。

R・A・ゴール　だから、このへんの操作は、国民からも不審《ふしん》がられてはいると思いますけどね。

質問者A　確かに、そうですね。

R・A・ゴール　（ウィルスが）全部死滅《しめつ》したような言い方をしていますが、台湾《たいわん》みたいな国が、外国から人が入るのを止めたりしてブロックしたとかいうのは分かるんですけどね、中国までブロックできたとは……。ちょっと最初のころの、あの

〝放し飼い〟の状態から見ると、もう全中国に回っていっているはずなので、患者《かんじゃ》等をどこかに集めている可能性は高いんじゃないか。

質問者A　なるほど。

R・A・ゴール　だから、はっきり言えば、ロシアとの国境沿いにいっぱい臨時の病棟《びょうとう》を建てていましたから。あのあたりに収容して、分からないようにしている可能性は高いんじゃないかと思いますが、国内の今の弾圧体制が続くかぎりは、それをオープンにすることはないでしょうね。

質問者A　確かに、もし中国がコロナウィルスを兵器として使っていた場合は、「（兵器を使われて）世界で最初に発症《はっしょう》した国が、そもそもウィルスの発祥の国である」ということにしかならなかったはずなので、今回、「中国から出た」という意味では、事が進んだところもあったということですね。

R・A・ゴール　うん。

日本の政治家とは違《ちが》い、中国の責任を追及《ついきゅう》するトランプ大統領

質問者A　トランプ大統領も次の公約で、「コロナウィルスを広げた中国の責任を追及《ついきゅう》する」ということを文言に入れていましたね。

R・A・ゴール　ええ。それはすごくすっきりしていて、私は男らしいと思いますよ。日本なんか、何も言えないんでしょう？　選挙をもしやったとしてもね、「追及する」なんていう人は、誰《だれ》もいやしない。

質問者A　いないと思います。

Ｒ・Ａ・ゴール　これが国情の違《ちが》いですよね。（トランプ大統領は）「追及する」と言っているし、現にアメリカや他の外国からは集団で訴訟《そしょう》がいっぱい起きていますからね、ものすごい額の。それをまともに払《はら》えば、中国は破産するでしょうね。

でも、これは今、（中国の）締《し》め出し？　貿易の締め出しとかがいっぱい始まっていますけれども、当然のことだと思いますよ。平和的手段としてできる当然のことで、その次はやっぱり開戦ですからね、どう見てもね。だから、どこかで「正義」を示さなければ、許さないだろうと思います。

中国として不思議なのは、中国国内で感染者が出たことがむしろ不思議で、それは起こさないつもりでいて、「外国で発生して、一部、中国に入ってもしかたがないかな」というぐらいの感じでいたんですよ。

質問者Ａ　その場合は、もう完全に、「外国から持ち来たらされた」と言えますものね。

R・A・ゴール　そう。そう言えます。だから、アメリカ、ヨーロッパで流行《はや》ってから、あとから中国に国際便とかで少し入ったぐらいなら、人口が多いから、全然安心していたんですよね。マスクの準備も十分できていたようです。そのつもりでいたんだと思うんですよ。入国制限をかけるぐらいのつもりでね。

だけど、まあ、主とした目的の「アメリカ攻撃《こうげき》」？　西海岸も攻撃したし、ニューヨークを〝いちばんの修羅場《しゅらば》にした〟ということでは、それは、軍事攻撃的には思ったとおりにやったつもりではいるし。アメリカを経済的に大恐慌《だいきょうこう》に陥《おとし》れようと考えていて、それがツボにはまったつもりでいるだろうと思うし。現時点でトランプ大統領の支持率のほうが低いというのも、このままでいけば、「してやったり」ということではあろうと思うんです。

もともと、トランプを（大統領選で）落とすために、これは仕掛《しか》けたものなので。

質問者A　なるほど。もし、アメリカで発祥していたら、「アメリカが世界にウィルスを広げた」ということになって、アメリカにとってもトランプさんにとっても、もっと最悪だったと思います。

でも、中国から出て、さらに、今、「中国がどうやら隠蔽をたくさんしているらしい」ということも分かってきているので、その意味でも、台湾や香港《ホンコン》に関して、アメリカがちゃんと判定を下して、介入《かいにゅう》しやすくなったのかなという感じはします。

R・A・ゴール　うん、そうですね。

まあ、途中《とちゅう》経過がいろいろ違うかもしれないけど、結論はだんだんに絞《しぼ》り込まれていくはずで。これだけの被害を出して、アメリカが何もしないでいるわけにもいかないし、イギリスだって、首相が入院して、さらに経済は〝半分以下〟になろうとしている。

質問者A　はい。GDPが（年率換算《かんさん》で）マイナス六十パーセントとのことです。

R・A・ゴール　ええ。これはね、これは許せないでしょうね。すぐにでも香港沖《おき》に艦隊《かんたい》を派遣《はけん》したいぐらいの気分でしょうね。いや、許しがたいでしょうね。

中国の関係者全員を国際法廷《ほうてい》で証言させるべき

質問者A　いちおう、中国に対しては、まだこれからも、そういう意味での追及は続いていくであろうという見立てでしょうか。

R・A・ゴール　ただ、全部、正反対のことを言って、切り返すつもりではいるんでしょうけどね。それが今までは通ったと思っているんだけど、これから通らないと思いますよ。

だって、あの〝コウモリウィルス〟っていうのは、中国の南部の動物から出てきたものですからね。中国で研究してつくったものでなければ、ありえない。コウモリを食べたぐらいで、世界中にうつったりしませんよ。

質問者A　そうですね。こんなに一気に広がらないです。

R・A・ゴール　ええ。「培養《ばいよう》している」ということですよ。

質問者A　なるほど。

R・A・ゴール　だから、あれはね、その関係者を全員引っ捕《と》らえて国際法廷《ほうてい》にかけなければ、研究していた人たちに、やっぱり証言させなければいけないと思いますしね。

質問者A　そこまで追及できるかどうかは、今度のトランプさんの再選にかかっていると思うのですが、アメリカ大統領選はどんな感じで見ておられますか。

R・A・ゴール　そうですね。まあ、今はコロナの影響《えいきょう》でややトランプ氏も低調ですけれども、それ以外では大きな失敗をしているようには思えないので。

質問者A　そもそもウィルスがなければ、経済がけっこういい成績を出していたから、「トランプ再選は確実ではないか」と言われてはいたんですよね。

R・A・ゴール　（経済は）よくなっていたし、今また、「一千万人の雇用《こよう》を生む」と言っていますから。「中国からも百万人分は（仕事を）取り上げる」と言っているので。

まあ、選挙日までには何とかなるんじゃないかとは思っているんですが。マスコミがね、トランプ叩《だた》きをだいぶやるので、このへんとの戦いが残っているから厳しいとは思いますけれども。ただ、「雇用を生んで、経済は落とさない」という方向で、急速に立ち直りはかけてくるとは思うので。

コロナ危機によって強まった「医療《いりょう》不信」

R・A・ゴール　あとは、どこまで効くかは分かりませんけど、ワクチンの研究はやっているので。アメリカの製薬会社の研究開発がいちばん信頼《しんらい》はできるでしょうから、いいものができてくるのではないかと思います。ただ、（コロナウィルスの）種類が幾《いく》つかに分かれてきているので、それに合ったものがつくれるかどうかというところはありますが。

まあ、いずれ、あるところでは止まるけれども、今（二〇二〇年八月二十六日）、もう二千数百万人まで感染は行っているので、公式にこれがどこまで行くか。

南米とかアフリカとかになりますと、もはや、治らずに広がる可能性が高いことは高いので、最終的にどこまで行くかは分からないですね。
だから、やっぱり、「億単位」までは必ず行くとは思う。

質問者A　R・A・ゴールさんに、最初のころにコロナに関する認識をお訊《き》きしたときに、「天文学的」とおっしゃっていたのがずっと心に残っているんですけど、確かに、本当に天文学的なレベルまで広がるのは確実な感じですものね。

R・A・ゴール　アフリカや南米のほうで、それだけのね、医療施設《いりょうしせつ》とか薬品の整備とか、それから貧困者《ひんこんしゃ》の経済的な救済とかはできると思えないのでね。今回は先進国も襲《おそ》ったものだから、余計、力を落としていますよね。

質問者A　そうですね。

●最初のころに……　『守護霊霊言　習近平《しゅうきんぺい》の弁明』（幸福の科学出版刊）第５章「R・A・ゴールのメッセージ―UFOリーディング㊺―」（2020年２月17日収録）参照。

Ｒ・Ａ・ゴール　先進国が安全であれば、もうちょっと救援《きゅうえん》ができますが、救援するところまで行かない状況《じょうきょう》ですからね。

質問者Ａ　それまでは「医療万能《ばんのう》主義」的な雰囲気《ふんいき》になっていたけれども、（新型コロナウィルスについては）病院に行っても点滴《てんてき》ぐらいしかできないとか、そういうところはありますものね。

Ｒ・Ａ・ゴール　「医療不信」がかなり強くなりましたよね。

質問者Ａ　病院に行ったら、むしろうつるから行かないとか。

Ｒ・Ａ・ゴール　そうそう。最初は病院に行けば……、「とりあえず病院」と言っていたけど、何も治療はできないっていうか、「寝《ね》て点滴を打っているだけ」というようなことでしょう。「体力のある人は回復する」ということだったので。

質問者A　でも、元陸上選手のボルトさんとか、けっこうスポーツ選手で体力がありそうな人も罹《かか》ってはいるみたいですね。

R・A・ゴール　うん、まあ、感染自体はねえ、それは本当に……。ただ、まあ、回復力も強かろうから、そんなに死に至るところまでは行かないでしょうけどね。

2　近現代における宇宙人からのコンタクト

一九五〇年以降、ＵＦＯが頻繁《ひんぱん》に現れていたのはなぜか

質問者Ａ　話は変わるのですが、最近、アメリカで初めて政府がいちおう認めた上で、未確認飛行物体の動画が三つほど公開されました。それについては、何かご存じでしょうか。

Ｒ・Ａ・ゴール　うーん、情報がその何万倍もあるだろうに、よくあの三つに絞《しぼ》って発表されましたし、「ずいぶん、アメリカの情報としては貧相《ひんそう》だな」という感じはありますけどね。どうしてそこまで隠蔽《いんぺい》体質なのかが、私にもよく分からないんですけれども。

質問者A　その画像が出る前の去年（二〇一九年）に、「アンアイデンティファイド：インサイド・アメリカズ・UFO・インヴェスティゲーション」というドキュメンタリーが公開されていて、それを観《み》ていたんですけど、R・A・ゴールさんたちは、そういうこと（番組内で紹介《しょうかい》されているような、アメリカ軍にUFOを見せるなどの行為《こうい》）は特にされていないのでしょうか？

R・A・ゴール　うーん、私は今、こちら（幸福の科学）のほうをちょっと、中心で来ているからあれなんですけど。

いや、それは、アメリカのほうで出没《しゅつぼつ》しているものも、昔からずいぶん多いですよ。ロズウェルのころからすごく多いですから。アメリカや、まあ、旧ソ連にも多く出ましたけどね。やっぱり、どういうふうに彼らがしようとしているのか、ずーっと見ていましたからね、核《かく》実験のときとか。

●ロズウェル　1947年にアメリカ・ニューメキシコ州で起きたロズウェル事件のこと。当初、ロズウェル陸軍飛行場（RAAF）が「付近の牧場から空飛ぶ円盤を回収した」とプレスリリースを出したが、翌日には「回収したのは観測気球だ」と訂正。しかし、現在に至るまで、墜落したUFOの回収事件と目されている。

われわれの考えでも、やはりソ連とアメリカが冷戦状態のときにですね、核戦争になるかどうかっていうのを、ずいぶん、われわれも見守っていて、「核戦争になるんだったら、介入《かいにゅう》しようかな」という話はしていたんですよ。

質問者A　なるほど。

R・A・ゴール　まあ、核戦争が起きるとしたら、まさしく一九九九年ぐらいの可能性が高いと思っていて、その前《まえ》段階として、一九五〇年以降はよく出てきていますから、UFOがね。

だいたいそう思っていたんですよ。うん、だいたいね、「世紀末、二十世紀末が核戦争かな」というのが、われわれの意見だったので、「防ぐ方法はあるだろうか」ということも相談していて。

まあ、一つはUFOをいっぱい出現させて、「宇宙からの脅威《きょうい》というのがあるぞ」

ということをPRしたんですよ。

質問者A　あっ、それでレーガン大統領が国連で言っていたんですね。

R・A・ゴール　そうそう。言いましたね。

だから、「宇宙からの脅威ということを考えたら、われわれはむしろ協力して団結しなければいけないのであって、戦っている場合ではない」ということを感じさせた。軍人たちは脅威を感じるから、自分たちの性能を超《こ》えたものであれば。

まあ、そういう意味では、いろんな星の者たちも協力して、核兵器を持っているところを中心によく現れていて。その分、日本なんかはほとんど出ていませんよね、UFOはね。数が少ないですけど。

アメリカ、イスラエル、それから中東とかでも、戦争があったときはよく目撃《もくげき》されています。「中東戦争」や「湾岸《わんがん》戦争」、「イラク戦争」等のときもいっぱい目撃

●レーガン大統領が……　アメリカのロナルド・レーガン元大統領は、大統領就任中の1987年、国連における演説で、「地球外から来た宇宙人の脅威に直面した場合、世界の国々の違いがどれほど早く消滅するかと、ときどき考えます」ということを述べている。

されていますので、そういうときにはよく出ています。われらは、いちおう警備活動をしているということは教えたかったので。

質問者A 「UFOや宇宙人はいるぞ」ということを教えてくれているということではありますよね。

R・A・ゴール それは、威嚇《いかく》警備で教えている。性能を見せてね、「あなたがたが本気になっても、F15とかF35とか、最新鋭《さいしんえい》のジェット機が出てきても、とても敵《かな》わないぞ」ということを見せていて。

要するに、マッハ一〇以上で私たちは飛べるけど、彼らはせいぜいマッハ二か三なので、とうてい追いつけないし。それから上下左右、どういうふうにも動けるし、急に止まることもできるし、海のなかにだって降りられるし。

まあ、その自由自在さを見せて、「戦闘《せんとう》したら勝てない」ということをお見せしていたので。
だから、パイロットたちが口をつぐんだのは、十分戦えるなら言ってもいいけど、戦っても勝てる見込《みこ》みがないので。

質問者A　まったくないから。

R・A・ゴール　本気で、例えば大統領令が出て、「UFO群を見つけたら撃《う》ち落とせ」と出たら、全滅《ぜんめつ》するのは地球の軍隊のほうですので。われわれにだって「正当防衛」という考えはあるから、攻撃《こうげき》してきたら反撃することはありえますので。

日本の防衛省も知っている「UFOの弱点」とは

質問者A　イタリアのほうが、国としてUFOをすごく研究しているようでして、研究した結果、「UFOが（エネルギー兵器を使って）〝射撃〟をした瞬間《しゅんかん》に、UF

Oのバリアが外れるから、その瞬間なら狙《ねら》えるのではないか」というようなことを言っていたんですけど、実際はどうですか。

R・A・ゴール　まあ、よく研究しているね。実際に実弾《じつだん》を発射して、地球の兵器に当てる場合には、物質化しなければいけませんので。

質問者A　ああ。なるほど。そのときは、確かに、何かを（UFOに）当てられる可能性があるということですね。

R・A・ゴール　速度も、たぶん、この世の兵器のジェット機なんかの速度ぐらいまでは落とさないと、速すぎると……（笑）。

質問者A　撃てない？

R・A・ゴール　要するに、速すぎると、ちょっと、通り越《こ》してしまうので（笑）。少し速度調整して、まあ、静止まで行くかどうかは分からないけれども、ちょっと、狙わないといけないので。それを罠《わな》にかけるつもりがあれば、そういう可能性もないとは言えないね。

質問者A　でも、撃ったあと、またすぐに、すごい速度で動けるんですよね。

R・A・ゴール　そうです。

質問者A　だとすると、そうは言っても、UFOを攻撃するのはかなり至難ではありますね。

R・A・ゴール　大川隆法さんも、一九九一年に、防衛庁かな？　話をしましたし、一九九〇年の終わりごろにセミナーをしたときにも、防衛庁の方に対して、「UFOは、上に向かって垂直に上がっていくときにだったら、ミサイルを撃てば当たる」ということを言っておられて。

質問者A　ああ。その時期におっしゃっていたんですね。

R・A・ゴール　われわれの弱点を発表されています、日本の防衛庁に。

質問者A　なるほど。

R・A・ゴール　ええ。だから、「平行移動しているときは当たりません。ただ、止まって、上に垂直移動しているときだったら当てられる」ということを言っていて、防衛庁、今の防衛省はその情報を持っています。

質問者A　聞いている。すごいですね……。

R・A・ゴール　弱点はあるんですよ。だから、静止しているときや何かをしようとしているときに、ちょっと弱点が出ることがあるので。まあ、「その瞬間を狙えれば」ですけどね。

まあ、「危ない」と思えば、攻撃されるより先に、パーッとすごい速度で移動してしまえば駄目《だめ》だし、インビジブル・モード（不可視状態）があるので、それだと撃てなくなるので。レーダーに映っているものが映らなくなることに……。

日本の航空機や世界のジェット戦闘機たちは、「レーダーに映っているものがレーダーから消える。消えたり出たりする」という、これがどうしても分からないんですよね。

地球に来ている宇宙人の八割、九割は友好的

質問者A　ドキュメンタリーを観ていても、やはり、（そこに出ている方々は）総裁先生のように宇宙の方とコンタクトが取れないから、何者なのかが分からなくて……。

R・A・ゴール　そう、そう。

質問者A　仮に宇宙人だったとしても、「友好的な方なのか、敵なのかが分からない」というところで、恐怖《きょうふ》があるわけです。でも、「友好的な方々もいる」ということも知らせないといけないんだなということは分かりました。

R・A・ゴール　そうですね。今、（地球に）来ている種類から見たら、やはり、

地球を友好的に見て、護《まも》っている、庇護《ひご》している気持ちの人のほうが、八割、九割なので。

質問者A　多いということですね。

R・A・ゴール　だから、侵略《しんりゃく》したい気持ちの者もいるとは思うが、数から見て、勝てないですね。侵略はできないですね。

質問者A　あと、「アメリカよりロシアのほうが、UFOや宇宙人の研究が進んでいるのではないか」と言っていた方がいたんですけど、それは本当ですか？

R・A・ゴール　あちらのほうが秘密が守られやすいからねえ。

質問者A　そうですね。それに、ロシアは国家として、超能力者《ちょうのうりょくしゃ》、エスパーを養成したりするような国だから、確かになくはないなと。

宇宙人と直接会っているアメリカ大統領は誰《だれ》か

R・A・ゴール　うーん、まあ……、いやあ、ちょっと、宇宙技術なんかを開発しようとしているところは、幾《いく》つか、大国ではあるんじゃないかなと思いますよ。

ただ、そういうところに対してはですね、われわれが、この七十年間でやってきたことは、まあ、ちょっと、経済的にいろいろ危機が起きてですね、それどころではなくなるようなこととかを、よく起こしたんですよね。

だから、レーガン政権のときにも、インスピレーションを降ろしていたんですけれども。

質問者A　うーん。なるほど。

R・A・ゴール　やっぱり、アメリカとソ連が軍拡競争をしてですね、ソ連が〝パンク〟して、もう戦えない状況《じょうきょう》でギブアップして、崩壊《ほうかい》したっていうの、あれは、われわれもシナリオとしては持っていたシナリオで。「あと十年続いたら戦争になるな」と思っていたので、ええ。

向こうも、キューバ危機で引き揚《あ》げて、フルシチョフが解任されていますので。雪辱《せつじょく》でやっていたところがあるので、「大陸間弾道弾で攻撃し合う」という計画を持っておりましたけれども、「経済的に破綻《はたん》させようか」ということを、われわれも考えていて、レーガンにそれを持ちかけているので。

まあ、だから、レーガンや、そのときに経済顧問《こもん》をしていたラッファーさんとかは、われわれの計画は知っています。

質問者Ａ　えっ？　それはどういうかたちでですか。インスピレーションということですか。

R・A・ゴール　うーん……。

質問者A　それとも、もう、アメリカだと……。日本のUFOの専門家の人が、「世界で優秀《ゆうしゅう》だと認められた指導者は、宇宙の人からコンタクトを取られている。トランプさんも取られているだろう」というようなことを言っていたんですけれども。

R・A・ゴール　ああ……、それは、もうねえ、〝極秘《ごくひ》中の極秘〟だから、言えないんですけどね。彼らの選挙にも影響《えいきょう》はすることがあるので。

ただ、レーガンさんに関しては、直接会っている人はいます。

質問者A　えっ！　宇宙の人で？

R・A・ゴール　うん。

質問者A　本当ですか……！　そうかあ……。映画のなかの世界みたいですけど、まあ、それはそうですよね。

R・A・ゴール　歴代大統領が全部とは言えないけれども。

質問者A　アメリカ大統領ぐらいは、会っておいてほしいですよね。

R・A・ゴール　会っている人はいます。まあ、理解度にもよるので、彼らの。受け入れられるかどうか。

質問者A　「その大統領自身の、宇宙を認識できるレベル」にもよると。

R・A・ゴール　カーター大統領とかも発表しようとしていたんですけど、地球内部の勢力から、そうとう脅《おど》しをかけられて、大統領就任後は言わなかったということもあります。

質問者A　アメリカにも、頭のいい、IQの高い人は大勢いるはずなのに、そういう人たちですら、やはり、そこまでは行けない方が多いようですね。

R・A・ゴール　やっぱり、軍部、CIA、FBI、その他いっぱいあって、彼らなりのシミュレーションをして、どうなるかということを考えるので。映画の世界ではないので、「もし宇宙人が来たら避難《ひなん》できるのか」とか、「対抗《たいこう》できる武器はあるのか」とかいうことを、まあ、例えば、議会で追及《ついきゅう》されても答えられない状況だと、まずいですもんね、ええ。

質問者A　なるほど。

「UFOの原理」を理解するために必要なこととは

質問者A　今年、アメリカで公開された映像でも、UFOが一瞬、縦になるときがあって、それを、「UFOが静止したのではないか」と言っている人がいたんですけど、それを聞く前に、ヤイドロン●さんが、「縦になったら静止しているときだ」とおっしゃっていまして。

R・A・ゴール　まあ、それは地球で、もう少し努力しないと。「重力制御《せいぎょ》装置」というものがあるので、この地球の重力をですね、制御できるんですよね、自由に

●ヤイドロン　幸福の科学を支援している宇宙人の一人。地球霊界における高次元霊的な力を持っており、「正義の神」に相当する。なお、『ウィズ・セイビア　救世主とともに―宇宙存在ヤイドロンのメッセージ―』（幸福の科学出版刊）のなかで、UFOの動きについて解説している。

ね。

それから、「航空工学」とか「宇宙工学」、「流体力学」等も、まだ未熟なところがあるのでね。

リニアモーターカーが、磁石の反発する力を使って浮《う》いたりしていますよね。あんなのと一緒《いっしょ》で、地球の重力に合わせて下りてくる力もあれば、それに反発する力を出して、揚力《ようりょく》を出すこともできるし。それから、高スピードで走っているものを急に止めるっていうのも、なかなか難しいことではあるんですけど、このへんを自由自在に操作できなければ、「UFOの原理」までは行き着かないですよね。

あとは、高速回転しているものも多いですからね。UFOがなぜ回転するのか、その秘密をまだ明かせないでいるでしょう?

まあ、一つには、「なかで人工重力をつくっている」というのがあるんですけどね。

質問者A　ふうーん。

R・A・ゴール　ええ。「回転することで人工重力をつくっている」というのもありますし、この回転の仕方によって、地球にかかるいろんなエネルギー磁場《じば》のあり方を変えているものもあるんですよね。

このへんについては、説明はちょっと難しいですけどね。

3 朝鮮《ちょうせん》半島情勢と米中対立の行方《ゆくえ》

「米朝会談は失敗した」と思うのは早計である

質問者A　また話が変わるのですが、夕べ、総裁先生が、韓国《かんこく》に行く夢を見られていました。

今度、習近平《しゅうきんぺい》氏が来韓するなど、韓国のほうもいろいろあるのかなと思うのですが、朝鮮《ちょうせん》半島情勢はどう見ていらっしゃいますか。北朝鮮では、金与正《キムヨジョン》氏に、権限が一部委譲《いじょう》され始めているということもあるようなのですけれども。

R・A・ゴール　まあ、金与正氏が、この前、怒《おこ》って、南北共通の建物（南北共同連絡《れんらく》事務所）を……。

質問者A　爆破《ばくは》しました。

R・A・ゴール　爆破しましたけれども、まあ、あれは、本当は内部的な感情の問題ですけど。

文在寅《ムンジェイン》がねえ、南主導で併合《へいごう》しようとしていることでしょう？

質問者A　はい。

R・A・ゴール　「お金で買えないものはない」で、お金で核《かく》兵器ごと国を買おうとしているということに対して、「われわれは、武力でもっておまえたちを制圧できるんだから、そんなもの、おまえたち南に主導権を持たれるいわれはない」というか、まあ、そういうことの表れでしょうね。

質問者Ａ　なるほど。

Ｒ・Ａ・ゴール　だから、文在寅の政権の太陽政策が、基本的に成功しなかったという結論には、もうなっているし。

また……、まあ、最近、（北朝鮮は）通常ミサイルは、短いのを何発かは撃《う》っていますけれども、トランプさんと会って以降の三代目の金正恩《キムジョンウン》は、やっぱり、どちらかといえば、おとなしくはなっていますわね。

質問者Ａ　確かにそうですね。

Ｒ・Ａ・ゴール　全体にはね。

質問者A　「その前よりは」ですよね。

R・A・ゴール　前は、何をするか分からない状態で。トランプと会って以降はですね、「言うことをきいていれば、自分を直接は狙《ねら》わないのかな」というか、「政権を潰《つぶ》すところまでしないのかな」というふうな感じを受けているから、限度を心得《こころえ》てはいますわね。

だから、（米朝会談について）「あれは、もう失敗した」と思うのはまだ早計で、アメリカは、北朝鮮をいつでも滅《ほろ》ぼせる状態にあるけれども、まずは飼いならそうとしているわけですよね。少なくとも、「北朝鮮から、直接、日本への攻撃《こうげき》」ということは、今のところ、トランプさんが政権を握《にぎ》るかぎりはありえない状況《じょうきょう》でしょうね。非核化の方向へと進めましたし。

彼らは、安全の保障と経済援助《えんじょ》、あと産業開発？　そんなのと一体でなければ呑《の》めないあれではあるけれども、まあ、「考えてみる」というあたりで止まっているところですよね。

文在寅《ムンジェイン》政権に対して不快感を持っているトランプ大統領

R・A・ゴール　そのときに、「韓国要因」というのがね、どこまで影響《えいきょう》するか。韓国だけ独自に経済援助して一体化すると、また悪いことを考える統一国家が出てくる可能性があるので。

これは、日本だけではなくて、アメリカも十分警戒《けいかい》はしているので。あちらに〝ムッソリーニ〟が登場して、ファシズム、〝ファシスト党〟ができたら困りますからね。

質問者A　うーん。

R・A・ゴール　いや、これは、だから、「すっきりと南北統一というわけにはいかない」と見ているので。

南のほうも、体制に対しては疑義がだいぶあると思う。〝うさんくさい状態〟にはあるってことですね。

特に、日本に対して言っていることなんかも、目茶苦茶《めちゃくちゃ》なことが多くて。先の大戦中ですね、もう併合されていて日本人であったにもかかわらず、戦争でしたこととか、あるいは軍需《ぐんじゅ》工場で働いたこととか、そういうものに対して、また「(賠償金《ばいしょうきん》を)支払《しはら》え」と言ったり、従軍慰安婦《じゅうぐんいあんふ》をつくり出して「支払え」と言ったりですね。ちょっと、まあ……。

彼ら(アメリカ)から見たら、そういうのは、どうですかねえ。〝町のチンピラ〟みたいに見えるわけですよね。だから、このへんに対する信用度はかなり低いですね。「韓国と日本ということだったら、韓国を捨てて日本を取る」というのは、いちおうアメリカの基本ですので。

南北朝鮮をどうするかということは、これから煮詰《につ》めていかなければいけないけれども、トランプ大統領にしても、文在寅《ムンジェイン》政権に対しては、はっきりとした不快感を持っている。政治的な発想も逆だし、要するに、さらに腹黒いところがあると見ているので。

質問者A　確かに、表面ではいい顔だけして、実際は腹黒いですもんね。

R・A・ゴール　ファシストです。だから、信用できないと思っているので。

質問者A　確かに、トランプ大統領が文在寅さんについて、「なぜ、あのような人が大統領になれたのか」というようなことを言ったと記事に書かれていました。

R・A・ゴール　それは、「韓国人のほうが、基本的にバカなんじゃないか」と見ているっていうこと。「南北共に、これはバカだな」と見ているのは間違《まちが》いない。

だから……、まあ、トランプさん的には、もうちょっと自分の時間が欲《ほ》しいのは、そうだろうと思いますけどね。

質問者Ａ　●つい先日録《と》った守護霊霊言《しゅごれいれいげん》でも、あと四年ではなくて、もうちょっと長くやらないと時間がないといった雰囲気《ふんいき》のことをおっしゃっていたんですけど、昨日《きのう》（八月二十五日）のニュースでも、「あと四年ではなくて、十二年と言ってほしい」というようなことをおっしゃっていました。

Ｒ・Ａ・ゴール　ハッハ……（笑）。

質問者Ａ　（地上のご本人と守護霊の意見が）本当に一致《いっち》しているんだなと、みんなで笑っていたんですけれども（笑）。

●つい先日録った守護霊霊言……　2020年8月17日収録。『米大統領選　バイデン候補とトランプ候補の守護霊インタビュー』（幸福の科学出版刊）参照。

Ｒ・Ａ・ゴール　いやあ、もっともっと、やりたいことはいっぱいある。

質問者Ａ　課題がありますよね。

Ｒ・Ａ・ゴール　世界を改造したい気持ちがあるでしょうから。

「悪に対しては制裁が必要」というトランプ大統領の考え方

質問者Ａ　お聞きしていると、トランプさんは「アメリカ・ファースト」と言っているけれども、実際はアメリカ・ファーストではなくて、世界の正邪《せいじゃ》を分かち、世界全体を見ていらっしゃる感じがします。

Ｒ・Ａ・ゴール　ええ。ええ、ええ。

質問者A　バイデンさんやオバマさんのほうが、例えば、（守護霊霊言でも）「日本が戦場になっても構わない」とか、「自国だけよければ」というふうに聞こえるんですけれども。

R・A・ゴール　まあ、抽象的《ちゅうしょう》にね、あちらは言っているけど。

質問者A　何かきれいな言葉を使って言っているけれども、本音を聞いていると、けっこう〝自己中〟といいますか……。まあ、〝自己中〟と言ったら失礼ですけれども。アメリカの大統領であれば、アメリカのことを考えればいいのですが、トランプさんと、オバマさん・バイデンさんとで言われていることが逆ではないのかなという感じはします。

R・A・ゴール　まあ、あなたの好きな考えかもしれないけれども、トランプさんのほうは、「悪に対しては制裁が必要」と考えているので、中国に対しての制裁、あの大国に制裁をかけるつもりでいるし。

メキシコとの間にフェンスをつくるというのだって、メキシコから、もう犯罪人や麻薬《まやく》やいろんなものが流れてきているので、「メキシコは、もうちょっと国を正せ」と言っているわけですね。「そうでなければ、もうフェンスをつくって入れないぞ」と。

質問者A　そうですね。メキシコ自体がよくなることが、メキシコ人にとっても、将来的にいいことですからね。

R・A・ゴール　そうそう。「麻薬をアメリカに流したり、売人で食っていこうとかするのをやめさせろ」と言っているわけですよね。これが、フィリピンのドゥテルテになれば、撃ち殺してしまうところまで行きますからねえ……。

まあ、いや、アメリカとしては、ちょっと、コロナのおかげで思わぬ経済失速はしたけど、まあ、リバウンドはしてくるとは思いますよ、いずれね。いずれリバウンドしてくるので、どのあたりで本格的に制裁、〝倍返し〟をするか、まあ、読みのところでしょうね。

でも、とりあえず、選挙を乗り越《こ》さなければいけないので、厳しいことは厳しいですが。

中華《ちゅうか》系に情報を抜《ぬ》かれ、陰謀《いんぼう》をつくられているアメリカ

質問者Ａ　アメリカでも、芸能系など人目を引くタイプの方々が、すごく左派寄りになってきているところもありますもんね。

Ｒ・Ａ・ゴール　中国っていうのは、本当に、日本の創価学会《そうかがっかい》によく似た体質を持っていてね、いろんなところに人を送り込《こ》んで、洗脳をかけていくというか、入り

込んでくる。

それを、アメリカはだいぶやられていますからね。中華系《ちゅうか》にそうとう入り込まれてはいますのでね。情報は抜《ぬ》かれるしね、陰謀《いんぼう》がつくられるしね。

質問者A　今、黒人差別反対の運動が盛《さか》んになっていますが、「その組織のリーダーの人は、訓練された共産主義者だ」というようなことも言われたりしているようです。

R・A・ゴール　はあ……（ため息）。まあ、黒人運動はね、もともと不満が溜《た》まっていますからね。それに火をつけて大きくするのは、そんなに大して難しいことではなかろうと思いますよ。

「ウィズ・コロナ」という言い方は、政治家の責任逃《のが》れ

質問者A　では、しばらく世界に混乱は続くし、日本に関しては……、もう、宇宙の方々にお訊《き》きするのは申し訳ない気分になってくるんですけれども……。

R・A・ゴール　まあ、北朝鮮、韓国ほどではないけど、「思考力のなさ」という意味では、似たものを感じてはいるでしょうね。「どうして、これが分からないんだ」というようなところが、やっぱりあるようですね。

質問者A　「ウィズ・コロナ」って、あまりよくない言葉ですよね、本当に。

R・A・ゴール　（苦笑）

質問者Ａ　「ウィズ・インフルエンザ」と言われてうれしいかと言われると、全然うれしくないじゃないですか。

Ｒ・Ａ・ゴール　「ウィズ・コロナ」って（苦笑）、いやあ、だから、解決する手段が自分たちにはないからでしょう。「そう言うことによって、政治家が責任逃《のが》れできる」ということでしょう。

だから、そのへんの「責任回避《かいひ》」ばっかりには熱心だねえ。

質問者Ａ　日本のカルチャーというか、日本的なものの一つですね。

Ｒ・Ａ・ゴール　大学教育のほとんども責任回避だし、役所主導型というのも、全部、責任回避型なので。「先延ばし」と「責任回避」ですよね。

だから、その意味では、トランプさんとかは、大胆《だいたん》に言っていることはあるとは思いますけどね。
日本なんか、それは、ちょっとねえ……。まあ、「中国人客で潤《うるお》っていたのが減った」というだけかもしれないけど、でも、そうなっていいと思いますよ。そうしないと、本当に〝乗っ取られる寸前〟だったと思いますよ、あのままでは。

質問者A　先日、秦《しん》の始皇帝《しこうてい》の霊が来たときに、「お金を日本から取るぞ」と言っていたんですけど、「おまえら日本も、中国から金《かね》を引いてこようとしているから、結局、同じじゃないか」というようなことも言っていて、「確かにな」と少し思いました。「中国人の観光客を引いてきて、中国から金を引きずり出そう」という魂《こん》胆《たん》には、確かに同じものがあるのだなと。

R・A・ゴール　まあ、中国の政治家たちはね、「自分たちの失敗とか具合が悪いところを公開して、それで統治ができる」ということが、まだ分からないんですよ。

●先日、秦の始皇帝の……　2020年8月1日収録。『公開霊言　魯迅《ろじん》の願い　中国に自由を』（幸福の科学出版刊）第二部 第1章「秦の始皇帝の霊言」参照。

理解できないんですよ、そんなことが。

質問者A　なるほど。「そんなことが漏《も》れでもしたら、もう、すぐ処刑《しょけい》されるじゃないか」という感じでしょうか？

R・A・ゴール　そうそう。みんな「国家反逆罪」にしたいわけで。だから、ここを壊《こわ》すには、そうとう大変な力が要《い》りますね。

民主主義の選挙には、「独裁者を防ぐ」という意味はある

質問者A　日本の今朝《けさ》の新聞には、「選挙では十億円あったら当選できて、七億円なら落選する」ということが書いてありまして、「選挙って、そんなにお金が要るんだな」と暗くなる感じでした。

選挙制というか、民主主義の限界も、一部あることはあると思うんですけれども、

宇宙からご覧になっていて、どう思われますか。

R・A・ゴール　まあ、昔から、「衆議院議員に当選するには、一人十億円」とかいうのは、よく言われているようですけどね。

質問者A　なるほど。

R・A・ゴール　ええ。金が要らない人は、よっぽどの有名人で。その分ぐらいを、やっぱり投資していなければ、そこまでは売れないですからね。そういう人は当選することはあるけれども、普通《ふつう》は十億円ぐらい要ると言われてはいますけど。まあ、「闇《やみ》の部分」ですねえ。大統領選も何百億もかかりますのでね、それを収入と対比したら、もう全然〝ペイしない〟ものではありますけどね。
ただ、お金は使われていて、票を買うのかどうかは分からないにしても、少なくとも〝協力支援金〟ですから。「協力してくれとお願いしなければ通らない」ということですから。

悪く言えば腐敗《ふはい》しますが、よいほうで見れば、「頭を下げなければ当選しない」ということではあるので、まあ、「独裁者を防ぐ」という意味はあるんじゃないかと思いますね、ええ。

質問者A　確かに。分かりました。

R・A・ゴール　裁判だって、陪審員《ばいしんいん》の買収とか、そういうことは言われていますからね。

4　人類が抱《かか》える諸問題に答える

こぐま座のアンドルシアβ《ベータ》星は「天帝《てんてい》」と関係している？

質問者Ａ　話が変わってしまうのですが、Ｒ・Ａ・ゴールさんは、直近だと、「こぐま座のアンダルシアβ《ベータ》星」というところから来てくださっているとのことでした。

その「こぐま座β星」は、昔、「中国で天帝《てんてい》といわれる方が、そこにいるのではないか」と言われているような星なんですけれども、そういうところと関係があると考えてよろしいのでしょうか。

Ｒ・Ａ・ゴール　そうですね、昔も天文だけはあったから、「どこから来ましたか？」と言われたときに、「あの星」と言うことはあったと思いますね。

質問者Ａ　では、過去に中国を指導された経験もあるということですか？

Ｒ・Ａ・ゴール　うーん、まあ……。

質問者Ａ　指導されたというか……。

Ｒ・Ａ・ゴール　まあ、私の星はメシア星《せい》なので、メシア資格を持つ者は複数います。

質問者Ａ　では、やはり、そのメシア星が、いちおう宇宙の意志として、「天帝」的な感じに思われていたのでしょうか。

R・A・ゴール　そうですね。「宇宙の中心」と思われていたと思いますよ、たぶんね。

質問者A　うーん、なるほど。

R・A・ゴール　でも、おそらく日本も同じだと思いますよ。

質問者A　日本から見ても、天帝に当たる？

R・A・ゴール　うん。「そこから来た人だ」と思っているると思いますよ。

質問者A　天帝は？

R・A・ゴール　はい。

もっと大きな宇宙までは知らないから。空に見える宇宙としては、やっぱり、北極星に当たるようなあたりのね、どこかの星と思っていたと思いますから。

質問者A　北斗七星《ほくとしちせい》とかは、「天帝と思われている星の周りを回って、護《まも》っている」と思われていたらしいです。

R・A・ゴール　まあ、そうかもしれませんね。宇宙のなかで、いろんな星が動いていて、ほとんど動かない星があれば、そこが中心だと思いますよね？

質問者A　分かりました。

中国の世界制覇《せいは》戦略を阻止《そし》する、いちばん効果的な作戦とは

R・A・ゴール　ほかには、ないですか。

質問者Ａ　では、今後の展望、もしくはメッセージがございましたら、お願いいたします。

R・A・ゴール　何にせよ、今はちょっとアメリカ主導型なので、アメリカが弱ると世界が動かなくなることがあるし。

質問者Ａ　そうですね。

R・A・ゴール　中国もですね、いろんな世界制覇《せいは》戦略が、ほとんど、もう見破ら

れてはおりますので。アジアを侵略《しんりゃく》する気ではあろうから、いちばん効果的なものとしては、「経済的に破綻《はたん》させる」ということを考えていますので。

アメリカ、日本、それからヨーロッパ等は持ち堪《こた》えて、中国をいったん破産させる。かつてのソ連みたいにですね、戦わずして終わらせる作戦が一つにはあると思うし。

それは、「コロナ等を研究開発した、その代価を支払《しはら》わせる」ということでもあるし、中国へ、フェイバー（優遇《ゆうぐう》）というか、「中国が得するような、関税関係の有利なものは与《あた》えない」ということであるし。

日本、まあ、韓国《かんこく》もそうだけど、「韓国、北朝鮮《きたちょうせん》、日本等の中国傾斜《けいしゃ》をやめさせる」というのも、今回、一つの考えとして入っています。

質問者A　R・A・ゴールさんが「習近平《しゅうきんぺい》氏を国賓《こくひん》で招いてはいけない」とおっしゃっていて、本当に、それは有言実行《ゆうげんじっこう》になったんですけど、来ていたら大変なこと

●R・A・ゴールさんが……　『中国発・新型コロナウィルス感染 霊査《れいさ》』『中国発・新型コロナウィルス 人類への教訓は何か―北里柴三郎《きたさとしばさぶろう》 R・A・ゴールの霊言―』（共に幸福の科学出版刊）参照。

になっていましたよね？

R・A・ゴール　韓国には行くんでしょう？　だからねえ、まだ、韓国ぐらいなら買収できると思っているところがあるんでしょうから。とにかく、「アジアの国は、全部取ってしまいたい」ぐらいの気持ちですから。

質問者A　最近、新聞で、「フィリピンで売られていた中国製美容品の箱に書いてある製造場所が『マニラ省、中国』になっていた」という記事を見ました。

R・A・ゴール　まあ、「白色人種だけが偉《えら》い」というのも、考えものではあるんだけど。

考え方としてね、「進歩している」というのならば、それは、なるべくついていったほうがいいとは思いますけどね。残念ながら、時代錯誤《さくご》かな。中国の実態は、今年はかなり悪いし、来年以降、もっと悪くなるから。

日本は「アジアの海を護《まも》る」という使命を担《にな》うべき

質問者A　いちおう、中国でも天災のようなものも起こっていますし、台湾《たいわん》・香港《ホンコン》系の思想を内部から浸透《しんとう》させて、どうにか反乱を起こさせようという内部での動きもあるようなんですけれども、R・A・ゴールさんは、そういうものにも、成功するように力を与えていらっしゃるのでしょうか?

R・A・ゴール　まあ、それはちょっと、「私たちが直接に」と言うと、ちょっとあれですけど。今、地上の人たちが、そう考えているところはあるようには思いますけどね。

とりあえず、まあ、中国の人民解放軍がね、先端《せんたん》技術を持った会社をつくって、世界に売り込《こ》んでいるように見えるあたりが、やっぱり怪《あや》しすぎますからね。こういうのをやめさせないといけないでしょうね。

あと、日本では、今、ちょっと動きは始まっていますけれども、防衛兵器の開発に入ってはいると思うので、長距離《ちょうきょり》ミサイル等はまもなく完成するし、空母に当たるものも、続々、建造していくと思いますので。

やっぱり、アメリカだけの力では、ちょっと予算がかかりすぎるのでね、「日本にも、アジアの海を護《まも》る面はやってほしい」と思っていると思うんですよ。だから、日本に、いちおうフィリピンとか、タイとか、ベトナムとか、台湾とか、こういう国を護るという使命ぐらいは、トランプ政権は乗せたいと思っているというふうに思いますし、まあ、そのくらいはやらなければいけないでしょうね。

質問者A　やはり、日本人も、「自分たちで、自分たちの国を護らなければいけない」という発想というか、そう考えるレベルまで持っていかないと、まずいですよね。トランプさんとかがいなくなってしまったら、本当にもう、一緒《いっしょ》に終わっていってしまいますものね。

R・A・ゴール　まあ、そんなところですかねえ。

中国が重大な「人類に対する罪」を犯《おか》しそうになったら……

R・A・ゴール　あとは、宇宙からは……。中国が、もし重大な、何て言うかねえ、「人類に対する罪」を犯《おか》しそうになるんだったら、ちゃんとやるべきことをやりますよ。

例えば、台湾がいくら「ミサイルで防衛する」といっても、いよいよ「台湾に対して核攻撃《かくこうげき》をする」とか、もし言い出した場合は、ちゃんと、それなりの「示威《じい》運動」というか、「宇宙人、ここにあり」という運動はすると思いますよ。

質問者A　なるほど。本当に……、宇宙の方々には申し訳ないです。

R・A・ゴール　私たちは忍者《にんじゃ》みたいなものなので。

質問者A　本当に、それこそ「無償《むしょう》の愛」ですよね。

R・A・ゴール　あまり表立って出れないんですけどね。

ただ、まあ、ビデオで観《み》たように、アメリカあたりで、まだ（UFOや宇宙人が）「脅威《きょうい》かもしれない」みたいなことあたりで止まっているようでは、まだまだですね。

質問者A　そうですね。

生前、宇宙人と遭遇《そうぐう》していたジョン・レノン

R・A・ゴール　実際は、本当は、会った大統領も何人かはいるんだけど。

質問者A　R・A・ゴールさんもお会いしたことがある？

R・A・ゴール　アハハハハッ（笑）。まあ、それは内緒です。それは内緒ですけどね。

（そういうことは）あるし、大統領以外でも、影響力《えいきょうりょく》のある人とかには、（宇宙人に）会ったことはある人はいるんですけどね。まあ、いちおうショックを受けることは受けるけど、何らかの方向転換《てんかん》というかね、そういうのは起きていますよね。

質問者A　なるほど。やはり、（地球人に）会うときは、ちょっと地球人っぽい姿

に変わって会うんですか？

R・A・ゴール　まあ（笑）、いろいろなんですけど。例えば、ジョン・レノンとかでも、ニューヨークで会っていますからね。会っている人は会っている。

質問者A　昆虫《こんちゅう》型宇宙人に会って、金の卵をもらったと……。

R・A・ゴール　誰《だれ》かは言わないけど、まあ、会っている人はいますよね。

質問者A　誰かは言わない。

R・A・ゴール　だけど、「Power《パワー》 to《トゥ》 the《ザ》 People《ピープル》」を言っていますからね。

だから、彼にも、「共産主義と戦うロック」をやらせようとしていたというところだな。

質問者A　ジョン・レノンは、ちゃんと、生きているうちに毛沢東《もうたくとう》を批判していましたからね。

R・A・ゴール　ええ。だから、「ロックで戦える」と思っていたところはあると思いますけどね。

質問者A　なるほど。

R・A・ゴール　長く生きていたら、宗教家になったかもね。

質問者A　確かに、幽霊《ゆうれい》とか宇宙人とか、神秘的な方面にもっと行っていそうですよね。

R・A・ゴール　そうですね。

質問者A　「長く生きる未来」というのも、なくはなかったんですか？

R・A・ゴール　いや、大川隆法が出てくるから、要《い》らなかったでしょうね。

質問者A　まあ、今度は、天上界《てんじょうかい》から応援《おうえん》しなければいけないですものね。

R・A・ゴール　うん。まあ、次々と、今はいろんな方が仕事をしていますから、あれですけどね。

「エル・カンターレの教えは、アッラーの教えの進化形である」

R・A・ゴール　あとは、ちょっと、まだアフリカとか、貧しいところに病気が流《は》行《や》ってね、大変なものは、まだまだ救わなければいけないのであれだし。

質問者A　そうですね。

R・A・ゴール　イスラム教のところも、問題はだいぶねえ……。テロばっかりでもう、テロとゲリラでねえ。

質問者A　イランはどうですか?

R・A・ゴール　イランも困ってはいるんですがねえ、本当にね。まあ……。

質問者A　すみません、長くなってしまって申し訳ないのですが、先日、パーレビ国王の霊をお呼びしたところ、おそらく、西洋化、近代化すること自体は、必ずしも悪ではなかったと思うんですけれども、お話をお聞きしていると、すごく「この世的」というか、自分が一番で、その上に神がいない感じがしました。「精神性」の部分がちょっと足りなかったのかなという……。

R・A・ゴール　はあ……（ため息）、そうですね。だから、そちらを「上」にしたら、今度、宗教のほうが弱っていくしね。

質問者A　そうですね。宗教をバカにしている雰囲気《ふんいき》も、少しあったので。

R・A・ゴール　私たちの願いとしては、「エル・カンターレの教えが、アッラー

●先日、パーレビ国王の……　2020年8月20日収録「パーレビ元国王／エドガー・ケイシーの霊言」参照。

の教えの進化形だ」ということを理解させたいと思っているんですけどね。何とか、そういうふうにうまく持っていけるように頑張《がんば》りたいなとは思っているんですけどね。

イスラム教圏《けん》に必要な改革と、日本に期待される役割

質問者A　中国の次の、イスラム教のところも含《ふく》めて、援護してくださろうとしているのでしょうか。総裁先生のお仕事の手伝いを……。

R・A・ゴール　イスラム教のほうも、まあ、「日本が理解者として指導してくれる」というかたちでですね、そういう唯物論《ゆいぶつろん》勢力に敵対するほうに回らせたいと思っている。今は食っていかなければいけないので、中国にすり寄ってね、〝身売り〟しようとしていますから。まあ、それはよくないので。

アメリカの制裁をちゃんと真摯《しんし》に受け止めて、改革すべきところは改革しないと。

「人権思想」が薄《うす》すぎるし、やっぱり、経済・経営的な問題を、〝足りざる宗教思想〟でやろうとしすぎているので。

まあ、このへんは、幸福の科学の教えとかが、もうちょっと流行るといいですね。

質問者A　はい。

R・A・ゴール　ただ、今の体制は少し崩《くず》さないと「自由性」が高まらないので。ここも、中国とは別の意味で「専制的な面」もあるのでね。これは変えたいなとは思っています。

ただ、全部潰《つぶ》したいわけではありませんし。イスラエルとイスラム教の国家たちも、できるだけ仲良くできればいいとは思ってはいるんですけどね。

もし最終戦争まで行くんだったら……。まあ、イランが核兵器まで持つようになったら、また、それは、戦いが起きる可能性はありますので。

質問者A　なるほど。

R・A・ゴール　イスラエルから見ればね、イスラム教徒何億人にも囲まれて、そして、七百、八百万の人口？　数百万ぐらいの人口だから、「核兵器ぐらい持っていなければ護れない」と思ってはいるんでしょうけど。

でも、ある意味では、イスラエルが取った手段は、戦後の日本が、もう一回やらなければいけない方法でもあったんだと思うんですよね。

世界に散らばっているユダヤ人を合わせても一千五百万人ぐらいしかいないという国がですね、ものすごい、世界四位ぐらいの軍事力を持って、そして、イスラム圏が束になってかかっても潰せないように、まあ、頑張っているわけで。資源もない国がね、やっているわけで。

まあ、日本がやらなければいけないことではありますよね。

「ヤハウェ」は「神」という意味であり、一人ではない

質問者A　ヤハウェの神について、どう認識すればいいのかというのが、今まで完全に明確にはなっていません。宇宙の視点からだと、もう少し客観的に見えるかもしれないんですけれども、「妬《ねた》む神」と言っている人でも、ヤハウェを名乗っている人がいると思うんですけれども。

R・A・ゴール　うん、うん。

質問者A　そうではなくて、「イエス様が認識したヤハウェ」という存在もいると思うんですよ。やはり、そこは違《ちが》う存在と考えたほうが……。

R・A・ゴール　いや、まあ、「ヤハウェ」といっても、「アッラー」と一緒で、あ

ちらの言葉で「神様」ということなんですよ。

質問者A　なるほど。

R・A・ゴール　だから、「神」で表されるものはいろいろあるので、一人じゃないんですよ、実を言うと。「一神教」と言いつつ、一人じゃないんですよ。

質問者A　なるほど。やはり、「ヤハウェ」という名前の下《もと》に、いろいろな指導霊がいたということですか？

R・A・ゴール　そうですね。だから、「裁き」とか、「制裁」を中心に考えるものもあれば、そうでないものもあり、いろいろ入っているということですね。

質問者A　「モーセが啓示《けいじ》を受けたヤハウェ」も、一人ではないということですか？

R・A・ゴール　うーん……。

質問者A　それとも、それは、やはりユダヤの民族神系なのでしょうか。

R・A・ゴール　まあ、エジプトから解放して、逃《に》がそうと思ったところあたりは、民族神的なものはあると思いますけどね。

だけど、先住民がいる所と軋轢《あつれき》が起きまして、二千年もの、その後のいろんなことがございましたからね。われわれもいろいろ考えてはいるんですけどね。これが、もし世界の混乱の種になるなら、また別の考えを持たなければいけないので。

ちょっと中東のほうは、宗教がね、混み合いすぎててね、難しくなってしまったんですよね。

質問者A　なぜ、中東にはあんなに神様が……、まあ、栄えていたからですかね。

R・A・ゴール　ええ、それは……。

質問者A　世界の繁栄《はんえい》がもともとあちらにあったのが、今、移ってきているということですよね。

R・A・ゴール　ほかのところでね。なんで、中東みたいなところでいっぱい栄えてね、アメリカみたいなところが、長らく、パラパラッとインディアンが住んでいた程度だったのか、不思議ですけどね。

質問者A　でも、R・A・ゴールさんも、いろいろな時代のいろいろな地域の地球も、いちおう見てこられたということですよね。

R・A・ゴール　うん。まあ、そういうことはあったかもしれませんね。

質問者A　分かりました。

「安倍《あべ》首相は健康状態を理由に辞任する」と予測

R・A・ゴール　あとは、今、直近は（アメリカの）大統領選がいちばん大事で、あと、日本の政局も少しどうなるか。安倍《あべ》さんも、先が見えてきましたので。（任期は）最長で一年でしょう？　だけど、●健康状態を理由にして、どこかで辞《や》める可能性は高いと思うので。タイミングを計っているとは思いますね。まあ……。

●健康状態を理由にして……　本霊言収録の2日後の2020年8月28日、安倍首相は、持病が悪化したことなどを理由に、首相辞任の意向を表明。9月16日に退陣した。

質問者A　でも、日本を見ても、「コロナを機に、何かすごく意識が変わったか」と言われると、まだ、大きく変わっているわけではないと思います。「天罰《てんばつ》」を信じる人は少し増えたみたいですけれども、まだ、「この世的な価値観」のところから脱《だっ》することはできていないのかなという感じはします。

だから、見えているものが、まだそこまでではないので、国民のほうも、政治家に求めるものが、まずはコロナ対策で、経済の復興にすら行っていないかもしれないんですよね。

R・A・ゴール　でも、まだ、「政治家にぶら下がろう」という気持ちはありますね。

質問者A　ありますね。まだ何か、清算されているところは少ないのかなという感じですね。

Ｒ・Ａ・ゴール　ただ、中国とあまりにも緊密《きんみつ》になりすぎていたので。やっぱり、「正義の観点」から、少し考え直さなくてはいけないということで、その政治の方向は変えなければいけないでしょうね。

質問者Ａ　そうですね。

Ｒ・Ａ・ゴール　今回はちょっと、「中国の悪の部分はピシッと証明したいな」と思っているし、「台湾、香港の考えのほうを神は取る」というのであれば、ヨーロッパやアメリカの考えのほうに近いということなので、日本もどちらに行こうか迷っているような状況《じょうきょう》だけど、ここをきっちりしなくてはいけないということだし、アジアの諸国に対しては、「日本も十分にアメリカと組んで防衛する」という立場をつくるべきですね。

宇宙人たちは、新しい文明をつくるための援助《えんじょ》をしようとしている

R・A・ゴール　宇宙から飛来している者は、結局、新しい文明をつくっていくための援助《えんじょ》をしようとしているので、このへんを理解してくれればよくて。「単なる脅威」とだけ思われると、われわれも安心してはいられなくなるので。

質問者A　そうですね。

R・A・ゴール　地球の人たちと、一部は、もうちょっと公式に交流できるようにはなりたいと思っています。

質問者A　そういう方向性は、R・A・ゴールさんとしても「初志貫徹《しょしかんてつ》」といいますか、最初に●コロナの少し前に、そういう世界の変動に対するメッセージを下さい

●コロナの少し前に……　『中国発・新型コロナウィルス感染 霊査』（前掲）第二部第2章「R・A・ゴールのメッセージ―UFOリーディング㊷―」（2020年1月3日収録）参照。

ましたが、そこは変わっていないという理解でよろしいでしょうか。

R・A・ゴール　はい、そういうことですね。

大川総裁がいるので、私らが言わなくても、言うべきことは出るとは思いますけどね。まあ、何らかのときに、力を与えられたら幸いだとは思っていますが。

5 宇宙のメシア存在と闇《やみ》宇宙について

闇宇宙系の宇宙人も〝腐敗菌《ふはいきん》〟として役に立つことはある

質問者A　本当にすみません。最後に一つお訊《き》きしたいのですけれども、「闇《やみ》宇宙」というのがあるじゃないですか。

R・A・ゴール　はい。

質問者A　実際、宇宙の方々が来てくださっている理由の一つにも、「闇宇宙の系《けい》譜《ふ》を引く悪い宇宙の人たちも、この地球を狙《ねら》っている」ということがあると思うんですけれども、闇宇宙というのは、どういう理解をすればよいのでしょうか。

R・A・ゴール　はあー……（ため息）。

質問者A　これは、「宇宙の法」のところといいますか、まだ全然、地球自体は進んでいないところなので、今、お訊きしていいレベルではないとは思うのですけれども。闇宇宙は、「光の神」と併存《へいぞん》しているイメージになってしまっているところもあると思うのですが。

R・A・ゴール　まあ、〝ばいきんまん〟ですよね。

質問者A　〝ばいきんまん〟ですよね。

R・A・ゴール　〝ばいきんまん〟を派遣《はけん》してくるところですよ。やっぱり、いちおう考えとしてはあるんですよ。

質問者A　確かに、考えとしては、どうしても出てくるものではありますよね。

R・A・ゴール　対立するものとして出てくるので。それは、「全部、役に立たない」とも言えないんですよ。〝腐敗菌《ふはいきん》〟も役に立つことはあるのでね。

質問者A　はい、はい。なるほど。

R・A・ゴール　まあ、破壊《はかい》をすることは多いんですけれども、ただ、文明も衰退《すいたい》していかなければいけないときもあるのでね。

私たちは正攻法《せいこうほう》から立ち直らせようとしているけれども、そうはならないものも出てくるので。「悪を増長させて崩壊《ほうかい》を早める」という力も、あることはあるということですよね。

質問者A　あちらの歴史も古いといいますか……。

R・A・ゴール　うん、古いですね。あちらも古いです。

質問者A　そうですね。

R・A・ゴール　それについては、おそらく、ゾロアスターなんかのほうがよくご存じかなとも思いますよ。

質問者A　ゾロアスター様は、だから、善悪二元論で……。

R・A・ゴール　うん。アーリマンと直接戦っていた人ですから。

質問者A　ああ、なるほど。

R・A・ゴール　光の神オーラ・マズダを信じてね。

星に文明をつくるほどの力を持つR・A・ゴール

質問者A　すみません。R・A・ゴールさんは宇宙的存在なので、地球的に定義するのは申し訳ないのですけれども、例えば、九次元霊《れい》でも、ゾロアスター様とか、釈尊《しゃくそん》とかいらっしゃるじゃないですか。R・A・ゴールさんの系統的には、〝何色が強い〟とかはあるんですか？

R・A・ゴール　うーん……。

●アーリマン　ゾロアスター教に出てくる悪神。善神オーラ・マズダと対立関係にある。また、幸福の科学の宇宙人リーディングのなかで、悪質宇宙人たちが支持する「宇宙の邪神」であることが明らかになっている。『地球を守る「宇宙連合」とは何か』（幸福の科学出版刊）等参照。

質問者A　考え方が近い方とか。

R・A・ゴール　うーん……。（約十秒間の沈黙《ちんもく》）うーん、それは、なかなか難問にはなりますね。

質問者A　お話をお聞きしていると、けっこう幅広《はばひろ》いので。

R・A・ゴール　いや、「私がいちばん偉《えら》い」とは言いませんけどね。

質問者A　でも、R・A・ゴール様もメシアですから。

R・A・ゴール　ある星に派遣されれば……。

質問者Ａ　神様になりますね。

Ｒ・Ａ・ゴール　そこの、よい文明をつくるぐらいの力はあるということ。でも、星によってちょっとずつ違《ちが》うからね。その星のあり方によって、導く方向が違うからね。

そうだねえ、あなたがたにとっては、どのくらいに相当するのかなあ。

「エル・カンターレの法」の最終美を飾《かざ》るのは「宇宙の法」

質問者Ａ　価値観として、「正邪《せいじゃ》」が明確に出てくるタイプの方もいらっしゃいますが、（R・A・ゴール様の）特色は、精神・マインドにおける「悟《さと》り」でしょうか。確か、（食べ物は）クルミとひまわりの種を……。

R・A・ゴール　まあ、ヤイドロンさんに比べれば、やや「宗教家的側面」が強いかなと思いますけどね。

質問者A　ヤイドロンさんは、やはり……。

R・A・ゴール　「実行」するほうが好きですね。

質問者A　何か、「警視総監《そうかん》」という言葉も出てきたような気もしますが、そういう役割もわりと強いじゃないですか。

R・A・ゴール　ああ、そうですね。私なんかは、やや「宗教家的な面」が強いかもしれませんね。

質問者A　なるほど。そういう眼から、また包括《ほうかつ》的にご覧になっているということでしょうか。

R・A・ゴール　ええ、ええ。

質問者A　分かりました。

R・A・ゴール　まあ、メタトロンさんとかだったら、私なんかより、もうちょっと「愛」の思いが強いかもしれませんが。

質問者A　そうですね。メタトロン様にお話をお聞きしていると、「大切にしている概念《がいねん》で、いちばん上に上がってくるものは愛だ」とおっしゃっている感じではありました。

●メタトロン　幸福の科学を支援している宇宙人で、光の神の一人。イエス・キリストの宇宙の魂（アモール）の一部。『メタトロンの霊言』（幸福の科学出版刊）等参照。

R・A・ゴール　まあ、いいんじゃないですか、「宇宙の指導霊たちが、本当はどういう人たちであるのか」ということが分かるには、もうちょっと時間があって。

質問者A　時間がかかりますね。

R・A・ゴール　今回の「エル・カンターレの法」の最終美を飾《かざ》るところなのではないですか、「宇宙の法」が。これが、どこまで行くかが。

質問者A　確かに。やはり、それで、「エル・カンターレご自身についても、本当はどういうご存在なのか」ということが、もっと分かってくるところがあるということですよね。

R・A・ゴール　まあ、自己確認もしていただかなくてはいけないので。今、UFOらしき写真を撮《と》って、言葉を伝えているけれども、本当に、宇宙からいろんな人が来て、護《まも》らなければいけない人だったのか。それだけの仕事なのか。そういうところは、この世の人はまだ分かっていないところですから。

質問者A　そうですね。

霊的《れいてき》にもこの世的にも防衛力の高い、宇宙の指導霊たち

質問者A　でも、本当に護っていただいていて。私は接しさせていただいているので思うのですけれども、本当に、宇宙的な方々に護っていただいていないと、なかなか厳しいものはあるなという感じはありますね。

R・A・ゴール　少なくとも、「霊的《れいてき》な面では、防衛にはなっている」とは思いま

すがね。

質問者A　かなり、（防衛に）なっています。

R・A・ゴール　ええ。最終的には、私たちが出てくると、地球系の「生霊《いきりょう》」や「悪霊《あくりょう》」等はシャットアウト可能ですしね。本当は、この世的な「物理的な攻撃《こうげき》」とか、そういうものに対しても、ある程度、力は発揮できるんですが、今はちょっと、それを出すチャンスがそんなにはないので。

質問者A　ただ、やはり、中国に対しても、これだけ明確に、日本から意見を発信していますので。

R・A・ゴール　アメリカもイタリアも足りていない部分です。

質問者A　そうですね。でも、この夏は本当に、中国系の方々の「生霊」や、「悪《あく》魔《ま》」と言ってよいのか、そういう存在もたくさん来ましたし、あちらは本当に軍事大国ですからね。

R・A・ゴール　中国にね、「宗教の種」をまいているんですよ。大変ですよ。

質問者A　たぶん、スパイがいる国ほど、総裁先生の本や発言も分析《ぶんせき》されているのではないのかなと思うんですけれども、そういう意味でも、いつも警備というか、護ってくださっていることに対して、本当に深く感謝申し上げます。

初期のころから宇宙人に言及《げんきゅう》してきた幸福の科学

R・A・ゴール　まあ、私たちは、この世の悪に対して、「認識力で戦う」という

●中国系の方々の……　『大中華帝国崩壊への序曲―中国の女神　洞庭湖《どうていこ》娘娘《ニャンニャン》、泰《たい》山《ざん》娘娘／アフリカのズールー神の霊言―』『公開霊言　魯迅の願い　中国に自由を』（共に幸福の科学出版刊）等参照。

戦い方ですので。「嘘《うそ》をついたり、ごまかしたり、籠絡《ろうらく》したりするやつを見破って、真実を明らかにして、みんなに知らしめる」というやり方ですので。

質問者Ａ　でも、天上界《てんじょうかい》のみなさんのお力もそうなんですけれども、宇宙の方々の存在によって、「この世的な戦いだけではない視点」から物事を見られるので、私たちにおいても、やはり、もう一段の神秘的な考え方とか、認識力という意味で高みに誘《いざな》っていただいていると思います。

Ｒ・Ａ・ゴール　気がついてみればね、（幸福の科学は）一九八六年から始めているけど、けっこう宇宙が近いというか、宇宙人がよく出てくる宗教なんですよ。

質問者Ａ　そうなんですよ。今、総裁先生の初期のころのお話も振《ふ》り返る機会が増えたのですけれども、本当に、最初から宇宙が出てきていたのだなと思います。

R・A・ゴール　そうなんですよ。

質問者A　映画「太陽の法」で、宇宙の方々が「地球の人たちに代わって、私たちがやりましょうか」とおっしゃっているシーンも本当に印象的で。

R・A・ゴール　いや、まだまだ、私たちは忍者《にんじゃ》みたいな存在なので、本当に。「甲賀《こうが》か伊賀《いが》の忍者か」という感じなので。表立ってできないのは残念ではありますが、国連総会に出席して、宇宙の代表者として意見を述べることができませんので（笑）。

質問者A　（笑）

●映画「太陽の法」　2000年公開のアニメ映画。製作総指揮・原作 大川隆法。

R・A・ゴール　（笑）まあ、今のところ、代理で思想を広げてもらうしかありません。

質問者A　でも、いつも本当にありがとうございます。

R・A・ゴール　はい。

質問者A　今日も、すみません。ありがとうございました。

大川隆法　（手を一回叩《たた》く）

古来、釈迦《しゃか》のように悟《さと》りを開いた人には、人知を超《こ》えた六種の自由自在の能力「六神通《ろくじんずう》」（神足通《じんそくつう》・天眼通《てんげんつう》・天耳通《てんにつう》・他心通《たしんつう》・宿命通《しゅくみょうつう》・漏尽通《ろじんつう》）が備わっているとされる。それは、時空間の壁《かべ》を超え、三世《さんぜ》を自在に見通す最高度の霊的《れいてき》能力である。著者は、六神通を自在に駆使《くし》した、さまざまなリーディングが可能。

本書に収録されたリーディングにおいては、霊言《れいげん》や霊視《れいし》、「タイムスリップ・リーディング（対象者の過去や未来の状況《じょうきょう》を透視《とうし》する）」「リモート・ビューイング（遠隔《えんかく》透視。特定の場所に霊体《れいたい》の一部を飛ばし、その場の状況を視《み》る）」「マインド・リーディング（遠隔地の者も含《ふく》め、対象者の思考や思念《しねん》を読み取る）」「ミューチュアル・カンバセーション（通常は話ができないような、さまざまな存在の思いをも代弁して会話する）」等の能力を使用している。

第2章　コロナ・パンデミックの「ネクスト・ステージ」を語る

―UFOリーディング55―

二〇二〇年五月十四日　収録

幸福の科学　特別説法堂《せっぽうどう》にて

〈リーディング収録の背景〉

本リーディングは、二〇二〇年五月十四日の夜、上空に現れたＵＦＯを調べるため、その場で収録されたものである。

［質問者はＡと表記］

1　数秒で消えた白い光について リエント・アール・クラウドが解説する

「人魂《ひとだま》」風に夜空を飛んでいた白い光

大川隆法　やはり、どう見ても、学校よりも少しこちらだったと思うんですよ。このあたりをヒューッと動いて消えたので。

もう一回、出ないかな。もう一回、出てくれないかな。

もう一回、出てくれませんか。先ほど、真っ暗ななかから急に光が出て、「人魂《ひとだま》」風に空を飛んで、数秒で消えたもの、白い光よ。もう一回、出てこれませんか。Ａさんに撮影《さつえい》してもらいたいんですけど。もう一回、出てくれませんか。先ほど出た白い光よ。もう一度、出てくれませんか。

まあ、小さな点は幾《いく》つかあるんですけど、もっとはっきりとして、ゆらめいていましたからね。上下に蛇行《だこう》したんですよ。ああいうものが撮《と》りたいのでね。蛇行していましたから。それで、「もしかしたら、ヘリコプターなのかな」と思っていたら消えたから、やはり違《ちが》います。航空機ではありません。

出られませんか？　小さな点のような、星みたいなものがたくさんあるんですけど、そういうものではないんですよ。あそこに見える、ちょっと赤いものよりも、もっとずっと大きかったので。夕方に見えるような（宵《よい》の明星《みょうじょう》のような）、ああいうものが、蛇行して消えた。

質問者A　そういうものを撮りたいですね。

大川隆法　そうですね。まあ、でも、カメラがついていかないかもしれないけれども（笑）。

質問者A　確かに。一瞬《いっしゅん》すぎて映らないかもしれません。

大川隆法　カメラが追いつかないかもしれないけれども。

よかったら、そのあたりに出てきてくれないかな。星があるあたり、先ほどは、このあたりでしょうから、出てきてくれないかな、もう一回。出てくる瞬間を撮らせてもらえないかな……。

何だったんでしょう。ほんの数秒でしたね。窓を開けたときには、何もなかったんです。でも、「何秒かしたら出るかな」と思って見ていたら、ポコッと出てきて蛇行したので。あれは、北からやや南の方向に向かって動いたんですけどね。消えましたね。

（今、夜空にある光は）小さいものは、一、二、三、四……、大きいのが、五……。

ああいうものは今まで撮影したことがないので、出てほしいな。出てくれないかな。Ａさんにサービスしてください。出てこないですか。もう一回、出てこい。もう一回、出てこい。もう一回、出てこい。もう一回、出てこい。出てこないか。出てこい。先ほどの人魂型の動き方をしたＵＦＯ、もう一回、出てこい。

「あれは、みんなにはまだ見せられないレベルのもの」

質問者Ａ　どこか遠くへ行ってしまったのでしょうか。

大川隆法　通信はできるでしょうか。

では、ちょっとテレパシー通信を開始してみます。

先ほど、白い、ちょっと強い光が出て、蛇行しながら空を飛んで、消えました。数秒でした。先ほどの乗り物に乗っていた者がいたなら、私に返事を下さい。あなたは何者ですか。うーん……。

●リエント・アール・クラウドのほうから返事が、今、来ています。解説かな？

質問者A　解説ですか。

※以下、「　」内のゴシック体の部分は、大川隆法がリーディングしたリエント・アール・クラウドの言葉である。

大川隆法　リエント・アール・クラウド、何ですか？

（約十秒間の沈黙《ちんもく》）「あれは、見せたけれども、ちょっと映ってはいけないものだったので」と。

質問者A　映ってはいけないもの？

●リエント・アール・クラウド　地球神エル・カンターレの分身の一人。約7千年前に古代インカの王として生まれた。現在、天上界《てんじょうかい》において、宇宙と交流する部門の責任者をしており、「宇宙人リーディング」等で指導霊を行うことが多い。『太陽の法』（幸福の科学出版刊）等参照。

大川隆法　「うん。映ってはいけないものだったので。映ると、ちょっと衝撃《しょうげき》が走るものだったので。総裁にだけ、窓を開けたときに一瞬見せたんですけど、みんなにはまだ見せられないレベルのものなんです」と言っている。

質問者A　どういうことですか？

大川隆法　分からない。

蛇行するようでしたから。本当に、蛇《へび》がくねるように蛇行しましたから。時間的に見たら、あれは何秒ぐらいだったろうね。数秒だったね。動きは、けっこう動きましたから。

何もなかったところからボコッと、いきなり出てきました。

質問者Ａ　ＵＦＯだったということですか?

大川隆法　ＵＦＯだと思いますね、あれは。航空機やヘリコプターでは、どうしても直線飛行になりますから。

質問者Ａ　ＵＦＯだけれども、見てはいけなかったんですか?

大川隆法　なぜですか。何か意味はあったのでしょうか。ああ、「ちょっと、あれはイエス・キリストに関係があるものなんだ」と言っている。

質問者Ａ　ああ。メタトロン●さんとは別ですか。

●メタトロン　本書p.112参照。

大川隆法　「（メタトロン）とは別」。

質問者Ａ　イエス様がそのまま飛んでいたとか。

大川隆法　「いや、それは言えない」。

質問者Ａ　「それは言えない」（笑）。

2　コロナ問題についてR・A・ゴールの意見を聞く

呼びかけに応じて空に現れた一つの光

大川隆法　今、空に見えているもののなかに〝代役〟ができる者はいないですか。どうですか。誰《だれ》か、〝代役〟ができるような者はいませんか。

動きとしては、あのあたりのもの。ちょっと、先ほどのものよりはずっと小さいですけど、あのあたりのものは、少し動きは感じるんですけどね。この木の上のものですね。

質問者Ａ　木の上の……。

大川隆法　下のほうです。

質問者Ａ　下のほう。

大川隆法　はい。あれは少し反応がある。

先ほどのものとは違《ちが》います。残念だけど。先ほどの大きなゆらめくものは、もう、五秒ぐらいだったかな。本当に瞬間《しゅんかん》でしたね。

質問者Ａ　イエス様の霊体《れいたい》？　ＵＦＯではないのでは……。

大川隆法　イエスには関係があるものらしいけれども。

質問者Ａ　（カメラに）映るかな……。

大川隆法　あれは映りますか？

大きさは、あんな大きさではなかったんですよ。もっと大きかったので。

質問者A　「人魂《ひとだま》」と言ったら失礼ですけれども……。

大川隆法　人魂ではないけれども、まあ、動き方がね。それとも、何かの霊体だったんだろうか。

質問者A　みんなに見せてはいけないんですよね？

大川隆法　光を放っていましたからね。

質問者A　うーん、（今、空に出ているものは）ちょっと光が弱いですね。

大川隆法　あっ、何か出てきそうな気がしました。この二つの〝光りもの〟のあたりの近くに、何か出てきそうな感じが、今、ちょっとしたんですけど。映らないですね。見えない。隠《かく》れているものがいるのではないですか？

質問者A　ああ、映りました。

大川隆法　隠れているものは出てきてください。

質問者A　一個映りました。

大川隆法　隠れているものがいたら、出てきてください。

あれを（カメラで）捉《とら》えましたか？

質問者Ａ　はい。あの下のものを捉えました。

大川隆法　うん。あれは星ではないような気がします。

質問者Ａ　ただ、いつもよりは少し小さめです。

大川隆法　先ほどのものではないですけどね。残念。あれは撮《と》れなかったな……。

来たときに、「Ａさんはいるかな」と思ったら、いなくて。

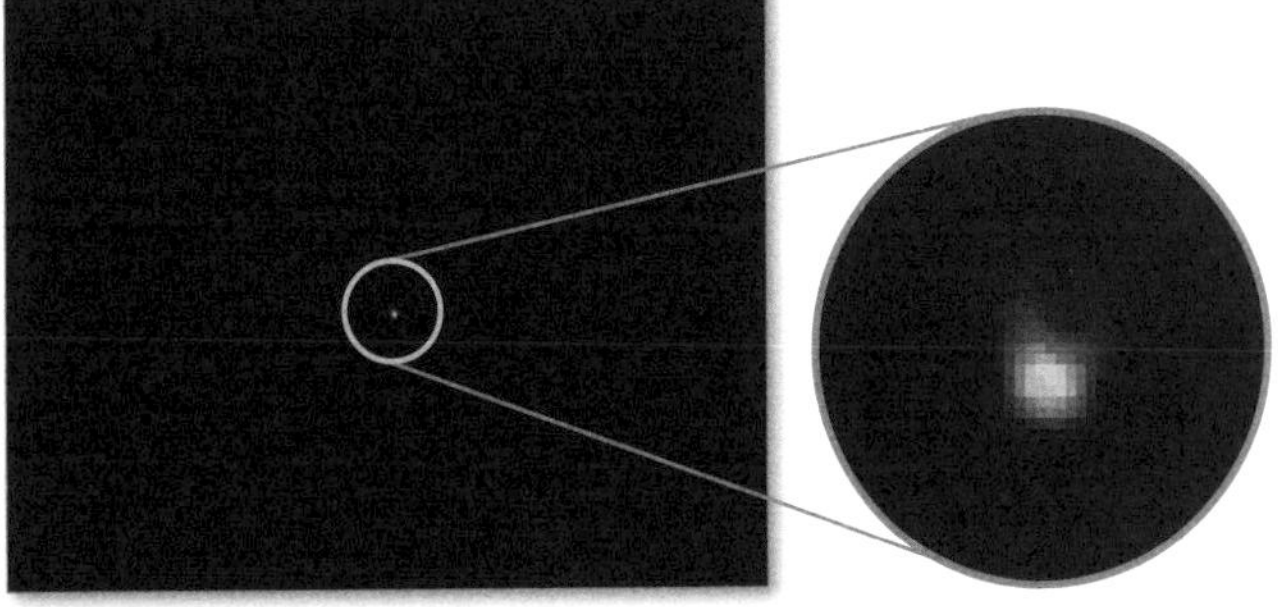

2020年５月14日、東京都上空に現れたUFOの画像。
※カバー袖にカラー写真を掲載。

質問者A　すみません。

大川隆法　いたら一緒《いっしょ》に見れたんですが。ちょっと一瞬、先でしたね。

映画「心霊喫茶《しんれいきっさ》『エクストラ』の秘密」の公開中はコロナを抑《おさ》え込《こ》む

質問者A　（カメラでは）下のほう（の光）を捉えています。

大川隆法　下のほうは、誰か話ができる人は乗っていますか。誰か話ができる人は乗っていますか。下のほうの、今、映しているものは、誰か話ができる人は乗っていますか。

※以下、「　」内のゴシック体の部分は、大川隆法がリーディングした宇宙人の言葉である。

大川隆法　（約十秒間の沈黙《ちんもく》）今、こちらは「R・A・ゴール」と言っている。

質問者A　ああ、ありがとうございます。

大川隆法　いつもほどの輝《かがや》きはないけれども、「R・A・ゴール」と言っています。

質問者A　ちょっと遠めですか？

大川隆法　今日は薄曇《うすぐも》りなのかな。「R・A・ゴール」とは言っているけれども。今日はちょっと遠めですね。

R・A・ゴールさんは、何か言いたいことはありますか。今日（二〇二〇年五月十四日）は何か言っておきたいことはありますか。安倍《あべ》さんも記者会見をしたりして、全国三十九県の緊急《きんきゅう》事態宣言を解除しましたが、幸福の科学の映画「心霊喫茶《しんれいきっさ》『エクストラ』の秘密――The《ザ》 Real《リアル》 Exorcist《エクソシスト》――」が明日《あした》（五月十五日）から七十七館で公開開始になります。まだあと百数十館ありますけれども。

あっ、これは動いていますね。

質問者A　はい。

大川隆法　まあ、そういう地点ですけれども。

あと、私たちが、「コロナウィルスで病気になる人を救うのも大事だけれども、経済のインフラを壊《こわ》してしまったら、ものすごい大不況《だいふきょう》になるよ」と言ったことも、いちおう世間《せけん》には伝わってきていて、全体的には、「両立させなければいけない。コロナと戦いつつ、経済の復興をしなければいけない」という方向に、今は動いてきつつあるんですけれども、何か現在のご意見はございますでしょうか。

「R・A・ゴールとしては、これでハッピーエンドとするつもりはない」と。

質問者A　そうですか。

大川隆法　「うん。現代の世の中に、人間がかかわることで、やはり、これだけ大規模なものが、解明されないままで終わってはならないというふうに思っています。このままで終わったら、全世界に広がって〝痛み分け〟で、アメリカが大きな被害《ひがい》を受けたけど泣き寝入《ねい》り、というスタイルになります」と。

質問者A　トランプさんの再選を阻《はば》む目的のほうが達成されるかもしれません。

大川隆法　「そうですね。それでアメリカのほうとしては、今、中国を批判する勢力のほうを、一生懸命《いっしょうけんめい》、仲間を集めようとして、イスラエルにも言っているし、ほかのところにも、『（中国を）信じてはいけない』ということを言ってはいるけれども、みんな何か狐《きつね》につままれたような感じで、分からない状態にはなっているんですよね。
まあ、トランプさんも危機ではあるけれども、また新しいチャンスでもあると思います」と。

質問者Ａ　なるほど。

大川隆法　（今、飛んでいる）あれは明らかに航空機ですね。

質問者Ａ　はい。

大川隆法　「新しいチャンスではあると思うので、もう一捻《ひとひね》り、やるつもりではいます。

今は映画があんまりかからないと、あなたがたが悲しむので、できたら（残りの都道府県の緊急事態宣言も）解除できるように（コロナウィルスの）抑《おさ》え込《こ》みをかけてはおります。抑え込みをかけてはいるんですけど、しばらくしたら、また違った局面が必ず出るようになると思います」ということは言っていますね。

「神罰《しんばつ》は、五段階目ぐらいまで考えている」

大川隆法　どうなんでしょうか。中国は被害がすごく少なくて、アメリカやヨーロッパのほうが非常に大きくて、イランも大きくて、トルコも大きいです。

日本は比較的《ひかく》、数としては少ないけれども、もしかしたら、検査漏《も》れがそうとうあるのかもしれません。検査してたくさん出ても、困ることは困るのですけれども。どうですか、R・A・ゴールさんのお考えは。どういうふうに、今、お考えは集まっているのでしょうか。

（約十秒間の沈黙）「今、情報戦をそうとうやっている状態なので、どちらがどちらの味方をするかという」。

質問者Ａ　そうですよね。

大川隆法　「ただ、ロシアにもそうとう広がってきているので、ロシアは簡単に中国の味方をできるような気持ちには、今、ないのは事実ですね」と。

質問者Ａ　なるほど。

大川隆法　「日本がね、これで、日本人の癖《くせ》で何も責任追及《ついきゅう》しないで、ただただ耐《た》えましたという感じで終わるかどうかというところですけれども。うーん……、まあ、これでは済まないでしょうね。たぶん、もう一段来る。今、台風も来始めていますけど、もう一段の国難は、はっきり目に見えるかたちで来ると思います」。

質問者A　そうですか。

大川隆法　「うん。コロナウィルスも、これで終わりではないと思っています」。

質問者A　今のところ、確かに唯物論《ゆいぶつろん》とかのほうが……。

大川隆法　「戦っているので」。

質問者A　今の感じだと、きっと唯物論のほうが強い感じで終わりますよね。

大川隆法　「どうしてもね、『信じる力』のほうが強いようにしたいと思うんですよ。

『現代の人がそれを信じるようになるには、どうしたらいいか』ということを、私たちも考えているんですよ。

だから、今、キリスト教徒がね、多く言ったら二十四・五億人もいてね、イスラム教徒が十八億人もいるとかいう。まあ、かなりね、もう〝国民の数を数えている〟ようには思いますけどね（笑）。

そういうなかでね、神が存在しないことがあってはなりませんのでね。どういうことまですれば信じるようになるか、やるつもりですが、私がいろいろ考えているのは、とりあえず、五段階目ぐらいまでは考えてはいるので。今は第一段階」。

質問者Ａ　今で第一段階ですか？

大川隆法　「第一段階が、とりあえずワン・ピリオド（一区切り）ですね。

これから、今、日本の政局絡《がら》みと、まあ、どういうふうにしたら、天意だとか神《しん》罰《ばつ》とかいうのを……」。

質問者A　伝わるか。

大川隆法　「分からせることができるのかね、ここで苦戦しているところで。習近《しゅうきん》平《ぺい》だけでなくて、ローマ法王にまで伝道しなければいけないことになっていてね。

アフリカも食料難で、これから大変な危機を迎《むか》えますしね。

まあ、イランのことも心配だとは思うけれども、あのへんは、何らかの戦場になる可能性が高くなってきているかなと思っています。

アメリカは今まで受け身ですけれども、トランプさんが引いているように見えるときは、その反対が多いので。実は準備していることが多いので。かなりのところまで原因は突《つ》き止めているはずです」。

●ローマ法王にまで……　『ローマ教皇フランシスコ守護霊の霊言』(幸福の科学出版刊)参照。

質問者Ａ　なるほど。

食料危機や疫病《えきびょう》に対しては、神に祈《いの》るしかない

大川隆法　「まあ、もうちょっと……。とにかく、映画はかけたいんでしょ？」

質問者Ａ　本当にすみません。

大川隆法　「まあ、映画をかけたいから、その間は、少ーしだけトーンダウンしないといけませんけど、『終わってはないですよ』ということですね、ええ」。

質問者Ａ　結局、映画も、宇宙の方々の目的も、もとを辿《たど》れば一緒ですから。

大川隆法　「そうですね。

だけど、タンザニアの大統領が、『ウィルスも、イエス・キリストの生命のなかに入って生きていられるはずがない』というようなことを言っていましたよね」。

質問者A　タンザニアの大統領は最初から、「神に祈《いの》ろう」と言っていました。

大川隆法　「いや、トランプさんもそうなんですよね」。

質問者A　そうですね。「コロナに負けて国の発展を遅《おく》らせてはならないから、ちゃんと祈りながら経済活動をしよう」ということを……。

大川隆法　あっ！　流れ星が、今、サーッと流れましたよ。見えなかったですか？

質問者A　えっ！　見えなかったです。

大川隆法　ああー！　一秒だった。今、流れ星のようなものがピャーッと……。今、映しているところに映ったかもしれない。

質問者Ａ　では、映ったかな。

大川隆法　まっすぐか、そのすぐ横をピャーッと走りました。今日は本当に（いろいろなものが）飛んでいますね。

質問者Ａ　先ほどのものと同じでしょうか。

大川隆法　違いますね。

質問者A　違うものですか。

大川隆法　これは違います。直線的にピャーッと……。流れ星ですね、今のは。

質問者A　（カメラの画面を）拡大しているから映っていないかもしれません。

大川隆法　でも、流れ星ではなくて、もしかしたらUFOかもしれない。こちらの斜《なな》めにシャーッと走ったので、今のは。一秒だったから。あなたは見落とした？

質問者A　（笑）

大川隆法　ああー！　惜《お》しい、惜しいなあ。見落としたの？

質問者Ａ　私はことごとく外しています。

大川隆法　ああー、今のは、ここからがものすごく速かった。一秒でしたから。あそこからあそこまでが一秒でした。先ほどのものは、こう、フワーッと来たんだけれども、今のは真下にシャーッと走ったから、流れ星ですね。

質問者Ａ　なるほど。

大川隆法　それか、ＵＦＯの可能性もあります。その可能性もあるんですけれども。

質問者Ａ　まあ、（話を戻《もど》しますと）タンザニアの大統領は、とにかくいいことを言っているんですけれども、バカにはされているんですよ。

大川隆法　「バカにされてもしかたがないですね」。

質問者A　でも、そういう風潮もよろしくないですよね。

大川隆法　「うん。まあ、神に祈るしかないですよね」。

質問者A　そうなんですよ。

大川隆法　「食料危機やウィルスや、いろいろな疫病《えきびょう》に対してね。まあ、どの神かは知りませんがね」。

イエス・キリストに関連する宇宙人は、メタトロン以外にもいる

質問者A　先ほど、総裁先生が、フワーッと動く白い物体を夜空にご覧になったの

ですけれども、Ｒ・Ａ・ゴールさんは何かご存じですか。

大川隆法　「うーん……、私から言っていいのかどうかは、ちょっと分かりかねるところはあるんですけれども、イエス系の新型機でしょうね」。

質問者Ａ　新型機？

大川隆法　「うん。だから、メタトロン以外の者がまだいる」。

質問者Ａ　あっ、イエス様に関連する宇宙人で。

大川隆法　「そう」。

質問者Ａ　それは、Ｒ・Ａ・ゴールさんはご存じの方ですか？

大川隆法　「ああ、まあ、一般的《いっぱん》に『アモール』と呼んでもいいんじゃないですか」。

質問者Ａ　ああ……。えっ、では、本体に近い？

大川隆法　「うーん、まあ、ちょっと、これは難しいんですけど。だから、本体が地球にいるかどうかは分かりませんので。

アモールの……、アモール系、アモールだと思います。だから、キリスト教系の愛のミッションを持っていた者だと思う。一瞬しか姿を見せず、総裁にしか見せなかったから。

二つ目はちょっと別なものが、今、通ったんですけど、ものすごい速度で、あなたは見ることができなかったですね」。

質問者Ａ　私は、こちらの下を見ていましたね。カメラの画面を見ていました。

大川隆法　「総裁の目にだけ見えた。この斜め上から。南のほうからかな？　南のほうから、やや北西方面に、ものすごい速さで行きましたね」。

質問者Ａ　今日は、「ブレイクスルー」というキリスト教の映画を観《み》ていて……。

大川隆法　「ああ、はい。反応して、何か出た……」。

質問者Ａ　すごい奇跡《きせき》の映画で、「何かあるかな。ＵＦＯリーディングになるかもしれない」と思って、普段《ふだん》はしない行動を取ったんですよ、「お手洗いに行く」という。

大川隆法　「ああ、それで見損《みそこ》ねたんですね」。

質問者Ａ　そうなんです。失敗しました（笑）。

大川隆法　「映画を観たあとだったからね」。

質問者Ａ　そう、そう。

大川隆法　「まあ、ほんの数秒でしたからね。しょうがないね。
いや、いいんです、いろんなものが飛んでいますので。あなたがたは、一晩中、空を見ているわけにはいかないので、まあ、しょうがないですね」。

中国は自国内でコロナウィルスを広げるつもりはなかった

大川隆法　「私らは、今は映画がかかるように少しトーンダウンをかけていますけど、またしばらくしたら動き始めるかもしれません」。

質問者Ａ　コロナウィルスで人が不幸になっているように見えるけれども、やはり、天意として大きなものはあると思いますので……。

大川隆法　「だから、今、隠して、戦える理由はあるんですよ。中国のほうは自分の国のなかで、あれを広げるつもりがなかったからね。なのに広まっちゃったからね。だから、被害意識も一部あるんですよ。『おかしいじゃないか。アメリカの攻《こう》撃《げき》じゃないか』と言っているので。

『アメリカの攻撃じゃないか』と言っているということはですね、〝アメリカじゃないもの〟が攻撃したかもしれないわけですから、まあ……（笑）」。

質問者A　ああ、なるほど。

大川隆法　「だから、自分らがやろうとしていることを先に、事前に漏らしてしまったので。まあ、そういうことですよね」。

質問者A　中国は、いちおう動揺《どうよう》しているということですね。

大川隆法　「うーん、まあ……。おそらく、でも、これは習近平……。まあ、読み方は両方あるんですがね。トランプさんのほうを追い落とすために、向こう（アメリカ）の起こした関税の経済戦争に対して、『ウィルス攻撃』と、それから、同じく『ウォール街《がい》の大不況、大恐慌《だいきょうこう》』と、両方を狙《ねら》ってやっていることは確かなんですけどね。

ただ、中国自体も、もう経済がマイナス成長になって、さらに、このウィルスが収まっていると見せてやっているけど、実は収まっていない可能性が出てきますので。

まあ、〝第二ラウンド〟があります。そのときにはちゃんと言いますから。今、ちょっとだけ全体を緩《ゆる》めるようにしています。

まあ……、しかたない。さっきのは数秒だったから、撮れなくてもしかたがないでしょう。やむをえない。『もしいれば、見れた』というだけのことで」。

質問者A　そうですね。どちらにしても、たぶん、ＵＦＯリーディングまでは行けなかったから、しかたがないですね。

大川隆法　「それは無理ですね。見たかどうかだけで。

前も、すごく巨大《きょだい》なものが出たことがあったでしょう?」

質問者Ａ　ああ、ありましたね。

大川隆法　「あんな大きさではないですけどね。星としてちょっと大きく見えるようなものが、ゆらゆらと動いた感じでしたからね。

まあ、一晩中、空を見ているわけにはいかないので。われわれは見ていますから大丈夫《だいじょうぶ》です。ちょっと挨拶《あいさつ》に来たんだと思ってください」。

質問者Ａ　はい。ありがとうございます。

大川隆法　「はい」。

質問者Ａ　ありがとうございます。

第二部　R・A・ゴールのメッセージ

第1章　宇宙的メシアを輩出《はいしゅつ》する星とは

―UFOリーディング3―

二〇一八年九月十六日　収録

幸福の科学　特別説法堂《せっぽうどう》にて

［質問者はＡと表記］

〈リーディング収録の背景〉

本リーディングは、二〇一八年九月十六日の夜、上空に現れたＵＦＯを調べるため、その場で収録されたものである。

１　メシア資格を持つ宇宙存在R・A・ゴール

線香《せんこう》花火のような光を放つＵＦＯが現れる

大川隆法　星の位置が下がっていますね。これは、ちょっとチェックしないと。動いていますね。画面で見ても動いている？

質問者Ａ　ゆらゆらしているかな。

大川隆法　ちょっと話を聞いてみましょうか。
あそこに見えているのは、ＵＦＯさんでしょうか。かなり瞬《また》いているように見えます。それから、ときどき下がったり、横に揺《ゆ》れたりしているようにも見えます。

ああ、今、左上に小さい光がピカッと光りました。

これはUFOでしょうか。UFOでしょうか。動いているように、私の目には見えています。

今、ちょっと蛇行《だこう》しています。ここから距離《きょり》があるので、この蛇行は、まあ、数メートルぐらいかもしれないけれども、蛇行している。

ちょっとメッセージを送ってきているような感じも受けますね。うん、念力《ねんりき》を感じますから。念力が出ていますね。

UFOですか。UFOですか。

両側にチョッチョッと、線香《せんこう》花火の、外に弾《はじ》くときのような小さい光が、右と左にチョチョッと出たりすることがありますね。

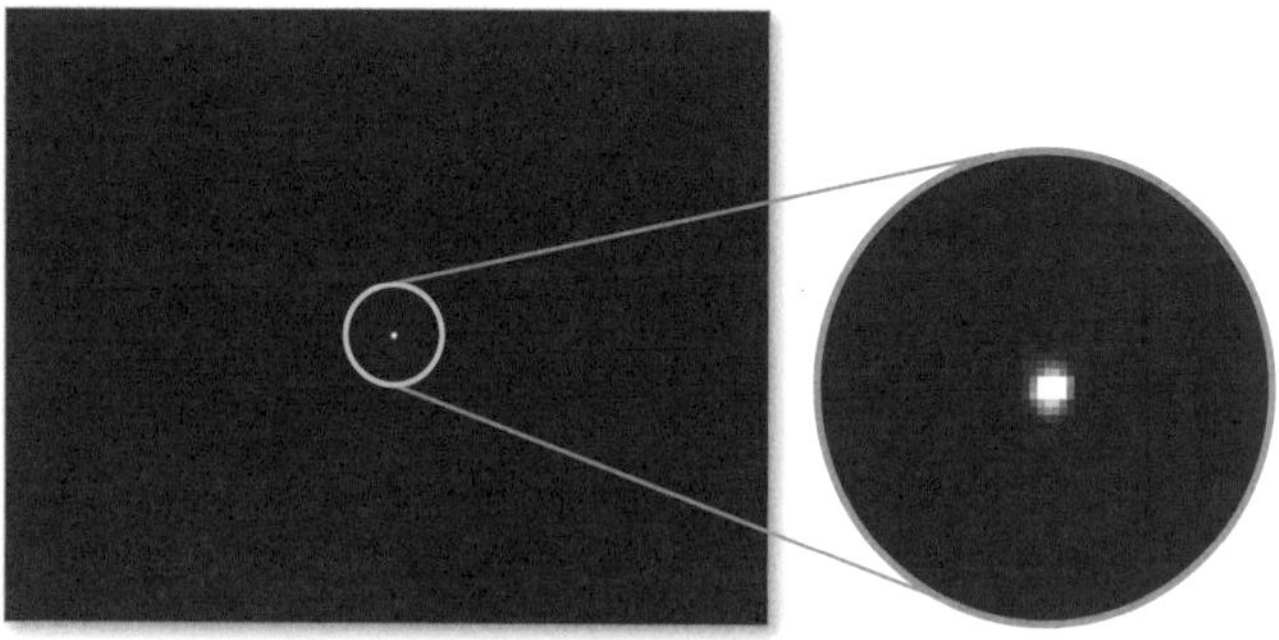

2018年9月16日、東京都上空に現れたUFOの画像。
※カバー袖にカラー写真を掲載。

質問者Ａ　カメラの位置は、ずっと固定しています。位置や角度は動かしていません。

大川隆法　よく瞬いていますね。雲より手前にあって、雲より下にあります。雲より手前にあることは明らかで、星ではないです。

質問者Ａ　画面上でも下がってきました。画面の真ん中のあたりに来ました。

大川隆法　今、ちょっと移動してきました。カメラには触《さわ》っていないよね。

質問者Ａ　はい、触っていません。

大川隆法　はい。（ＵＦＯに向かって）話があるなら聞きますよ。
Who《フー》 are《アー》 you《ユー》? What《ワット》 are《アー》 you《ユー》?
Why《ワイ》……. Where《ウェア》 do《ドゥ》 you《ユー》 come《カム》 from《フロム》?
雲が完全に後ろに回っているから、あれはけっこう低いですね。高さは二百メートルぐらいしかないね。

質問者Ａ　すごい。どんどん下がってきている。

大川隆法　下がっているでしょう。後ろの雲は動いているけど。このカメラの三脚《さんきゃく》は定位置だから、明らかに下がっています。

質問者Ａ　カメラの角度も変えていません。

大川隆法　そう。星で、こんなにまっすぐ下に下がってくるのはありえません。はい、ＵＦＯです。間違《まちが》いなくＵＦＯです。

「あなたがたには、優《すぐ》れた宇宙人との接触《せっしょく》が必要な時期が来ている」

大川隆法　Hi《ハイ》, what《ワット》 kind《カインド》 of《オブ》 UFO《ユーフォー》?（笑）

（手をゆっくり叩《たた》きながら）What《ワット》 kind《カインド》 of《オブ》 UFO《ユーフォー》?

はい、話をしましょうか。私は、地球で宇宙人と地上から話ができる人間の一人です。お話ししたいと思います。どちら様でしょうか。どちらのＵＦＯさんですか？

（約十秒間の沈黙《ちんもく》）

※以下、「　」内のゴシック体の部分は、大川隆法がリーディングした宇宙人の言葉である。

大川隆法　R・A？　R・A……、「R・A・ゴール」ということを、今言っている。

R・A・ゴール。R・A・ゴール。これは何だろう。

R・A・ゴールとは、星の名前ですか。R・A・ゴールとは、人の名前ですか。それとも星の名前ですか。何かほかに意味があるのでしょうか。R・A・ゴールとは何ですか。

（発光体が）瞬いています。

位置がかなり下がってきた。これは、かなりの距離です。

R・A・ゴールとは何ですか。どういう名前ですか。

（約五秒間の沈黙）

男性だな。

（約十秒間の沈黙）

「R・A・ゴールとは、究極の理想である」と、男性の声でそう言っています。

質問があれば訊《き》きます。Ａさんどうぞ。

質問者Ａ　何星から来られていますか。

大川隆法　Ｒ・Ａ・ゴールは、あなたの名前ですか。

「そうだ」と。「いちおう、メシア資格を持っている者である」と言っている。

ほお、それは珍《めずら》しいですね。

何の目的で来られましたか。どこの星から来られましたか。Ｒ・Ａ・ゴールさん、どこの星から来られましたか。

（約十秒間の沈黙）

「アンダルシアβ《ベータ》星」と。そういう星があるのでしょうか。

質問者Ａ　「●インダルシア」もありますけど。

●インダルシア　以前の宇宙人リーディングに出てきた、へびつかい座にある星の名前。『宇宙人体験リーディングⅡ』（幸福の科学出版刊）参照。

大川隆法　「アンダルシアβ星」と言っている。

質問者A　画面から出そうなので、カメラを動かします。

大川隆法　ああ、飛行機が超《ちょう》接近しています。雲があるから、飛行機からは見えないかもしれませんね。もうニアミスです。かなり近いところを飛んでいます。飛行機には、あれは見えないのでしょうか。

質問者A　カメラを固定しました。

大川隆法　後ろのほうに、ときどき子機のようなものが、チラチラと二機ほど見えるんですよ。

アンダルシアβ星人、アンダルシアβというのは、いったいどこにあるのでしょうか。

（約五秒間の沈黙）

「こぐま座……。こぐま座にある、アンダルシアβ」。

質問者A　こぐま座（出身の人）は、〇〇さんと□□さんです。

大川隆法　ああ、なるほど。二人いるのか。
いちおう、（このUFOには）メシア資格を持っている者が乗っているらしいので。すごいな。

質問者A　メシア資格とは、地球で言うと、どのような方々に当たるのでしょうか。

●こぐま座……　『大川隆法の「鎌倉でのUFO招来《しょうらい》体験」』（幸福の科学出版刊）、『こぐま座のタータム1《ワン》星人』（宗教法人幸福の科学刊）参照。

大川隆法　「まあ、星の格にもよるけど……。科学技術的には、こちらのほうが（地球より）進んでいるのは当然ではあるが、地球での優先度でいくと、二十番には入らないレベルではある」と。

「ただ、今、あなたがたは、もうちょっと優《すぐ》れた宇宙人との接触《せっしょく》が必要な時期が来ているのではないかと思うので、普通《ふつう》の偵察《ていさつ》要員レベルでは寂《さみ》しかろうということで、ちょっと見に来ています。今日は、観測すると見ていたので、来ているんです」と言っていますね。

質問者A　リエント・アール・クラウド王様とは、お話しできますか。

大川隆法　「ああ、関係があります」と言っていますね。「昔、一緒《いっしょ》に勉強したことがあります」と。

Ｒ・Ａ・ゴールの姿や能力、ＵＦＯについて訊《き》く

質問者Ａ　ＵＦＯは何人乗りですか。

大川隆法　このＵＦＯは、何人乗りですか。

「まあ、小さく見えるかもしれませんが、直径はこれでも五十メートルぐらい、実はあるんです。直径五十メートルぐらいのＵＦＯでして、今、二十二人乗っています」と。

質問者Ａ　どのようなお姿でしょうか。

大川隆法　姿ですね。

（約十秒間の沈黙）

「姿は、やや巨人型《きょじんがた》で、二メートル三十センチぐらいの身長があります。だから、全体に大きいつくりです」と。

質問者A　人型ですか。

大川隆法　「人型です。ただ、私は、あなたがこの前、訊《き》き損《そこ》ねて答えを得られなかったけれども、目から光を出せるタイプなんです」と。

質問者A　ああ、なるほど。アルモナイト星はご存じですか。

大川隆法　「ああ、聞いたことはあります。ときどき、いるかもしれません。少数派であるところは、まあ、似てるかもしれませんが」と言っています。

●あなたがこの前……　2018年8月30日のUFOリーディングで、スーパーマンのモデルになったアルモナイト星人に、目から光線を出せるかどうかを質問したところ、透視能力や相手の心を操る能力はあるが、光線を出すことはできないということだった。『UFOリーディングⅡ』（幸福の科学出版刊）等参照。

質問者A　目から出す光では、どんなことができるんですか。

大川隆法　「弱くすれば、地上の人とか動物とか、ほかの宇宙人とかが、めまいを起こして一瞬《いっしゅん》失神したり、立ちくらみをしたりして、動けなくなる効果があります。催眠《さいみん》効果みたいなものがあります。強くやった場合は、記憶《きおく》の一部まで消えてしまう。脳にまで影響《えいきょう》することがあります」と。

「それから、特別な場合にしかやりませんけど、危機のときには破壊《はかい》光線のようになることもあります」というようなことを言っています。

質問者A　スーパーマンみたいな感じですね。

大川隆法　「そうそう。破壊光線になることもある。その加減はしています」と言っています。

質問者A　質問が戻《もど》るのですが、人型でよろしいですか。

大川隆法　「人型です。人型なんですが、ただ、うーん、顔の形がちょっとだけ違うかもしれません。極《きわ》めて……、ええと、あなた（質問者A）に似ていると言ったら失礼に当たるけど、エラが張っているような顎《あご》が出ていて、頭は普通の頭には似ているけど、頭の上に、あの仏陀《ぶっだ》の……、何だろう、頭の、あの……」。

質問者A　螺髪《らほつ》？

大川隆法　「螺髪のように、団子《だんご》のように、ちょっと出っ張りがあるんです」と。

「そこも超能力中枢《ちゅうすう》の一つで、そこで、いろんな……。電波、音波、その他、超能力やいろんな通信等を傍受《ぼうじゅ》して、判断する器官が頭のてっぺんにあって。だから、てっぺんにちょっと螺髪みたいな出っ張りが……」。

質問者A　ああ、螺髪というか、お団子みたいになっているということですね。

大川隆法　「頭の上に団子。でも、顎は、パンダさんというか、ドラえもんさんのような感じで、ちょっと顎が張っています」。

質問者A　丸顔じゃなくて、四角いんですか。

大川隆法　「そうです。将棋《しょうぎ》の駒《こま》なんかに、ちょっと近い感じですかね」と。

アンダルシアβ《ベータ》星は「悟《さと》りとは何か」を探究する星

質問者A　アンダルシアβ《ベータ》の特徴《とくちょう》は何ですか。

大川隆法　「非常に珍しいと思いますが、私たちもまた『悟《さと》り』を求めている種族なので。宇宙には幾《いく》つか、まあ、いろいろあるのだけど。超能力の話をしましたけど、本当は『悟り』なんです。『悟りとは何か』を探究することが、この星の使命です。メシアを輩出《はいしゅつ》する準備星《せい》で、メシア願望の方が、直前によく来られることが多いんです。

ときには、地球の方でも、生きたまま来ることもあります。そういう直前になった場合に、瞑想《めいそう》状態とか睡眠《すいみん》状態だと思っているけど、来ていることがあるんです」と。

質問者A　（発光体が）また画面から出そうなので、カメラを動かします。固定しました。

大川隆法　本当に、はっきりと動いているね。でも、いちばん撮《と》りやすいところに来てくださるから、ありがたいね。

「質問がありましたら」。

質問者A　例えば、その星の出身の方で、私たちが知っている方はいますか。「こぐま座のなかの、アンダルシア星の、さらにβ星」ということですよね。

大川隆法　「うーん……、アンダルシアβ星と、いちおう私たちは呼んでいるもので、超能力を持った、日蓮《にちれん》とかエリヤとか、そんな人材は輩出しております」と。

質問者A　ああ、やはり□□さんとお友達ですか。

大川隆法　「念力系もいるし、念力系でないタイプの悟りもあるんですけど」。

質問者A　では、（□□さんの宇宙時代の姿は）アライグマというわけではないんですね。

大川隆法　「うーん、まあ、見ようによりますがね。人型、とりあえず人型なんですよ。人数はそう多くはないんですけど、でも修行星《しゅぎょうせい》で、メシアを目指している人たちが、一度はくぐったほうがいいと言われているものなんです」と。

質問者A　では釈尊《しゃくそん》も？

大川隆法　「ええ、釈尊も、宇宙即我《うちゅうそくわれ》を経験したときは来ているはずです」と言っていますね。

質問者A　男性も女性もいらっしゃる？

大川隆法　「男性も女性もいますし、男性・女性を超越《ちょうえつ》した人もいらっしゃいます」。

アンダルシアβ《ベータ》星では、どのような能力を開発しているのか

質問者A　メシアの方が来てくださって、貴重なのでお伺《うかが》いしますが、普段、何を食べていますか。

大川隆法　あなたは何を食べていらっしゃいますか。

「非常に恐縮《きょうしゅく》で、あなたがたの食欲を妨《さまた》げることになると思いますが、食べているものはクルミとか、ひまわりの種とか、そういうものなんです」。

質問者A　すごい草食ですね。それでそんなに大きい体格を維持《いじ》できるんですか。

大川隆法　「ええ、極めて代謝が低くて、とにかく物欲《ぶつよく》をできるだけ減らそうと努力しているので、ひまわりの種とかね、本当にそんなもので生きていけるんです。クルミぐらいで」。

質問者Ａ　その星には、何か楽しみはあるんですか。

大川隆法　楽しみは、何かありますか。

「楽しみは、能力の開発で、今までできなかったことができるようになるんです」と。

質問者Ａ　徹底《てってい》されているんですね。

大川隆法　「例えば、地球で空中浮揚《ふよう》とか言ったら嘘《うそ》だと思われるけど、坐禅《ざぜん》して瞑想している間に、本当に体が宙に浮《う》いたり、水の上を歩いたりできるようになることもあります。

それから、人によっては、テレポーテーションっていうかな、違ったところに瞬間移動できるようになる人がいます。だから、宇宙飛行が要《い》らないスタイルに近いですね。テレポーテーションができるようになる。

まあ、大川隆法総裁も、実はそういう能力を持っていらっしゃるので、ほかの星、ものすごく離《はな》れた、何百光年も離れたようなところまで、一瞬で行って帰ってこれる能力を、実は持っています」。

質問者Ａ　ＵＦＯの動きに現れていますね。一見、静止しているような感じで、実は動いているというのが、悟りに似ていますね。

大川隆法　ひまわりの種にクルミは、お気の毒ではありますが。
「幸福の科学の使命をすごく重要に見て、記録し、応援《おうえん》している」
質問者A　何か、最後に私たちにメッセージはありますか。
大川隆法　「今、まだ、終わっていない……」。
質問者A　あれ、何ですか？　真上に何か動いている点がありますよね。
（R・A・ゴールに）ごめんなさい。
大川隆法　ああ、すごく速いね。
質問者A　あれは、飛行機ではないですよね。

大川隆法　いや、違います。

質問者A　こんな突然《とつぜん》に申し訳ございません。

大川隆法　動いて、かすかに見えたけど、もう消えちゃった。本当に（UFOが）飛んでいるんだね。あっという間に消えちゃった。超速度でしたね。

質問者A　アンダルシア星の方、途中《とちゅう》でごめんなさい。今日のメインはアンダルシア星の方ですが、最後、何とおっしゃりたかったのでしょうか。

大川隆法　アンダルシアβ《ベータ》星の方、最後に何かおっしゃりたいことがありましたら、お願いします。

「幸福の科学の使命というのを、私たちはすごく重要に見て、記録しています。応援《おうえん》もしていますから、必要があったら呼んでください。通称《つうしょう》で私を呼ぶなら、『ミスターR』と呼んでくだされば」。

質問者A　分かりました。

大川隆法　『Rさん』と呼んでくれれば。『アンダルシアβのRさん』。あるいは、『マスターR』と呼んでも。本当はマスターですから」。

質問者A　「R」は、幸福の科学的にはいい文字ですからね。

大川隆法　「Rはね、大事なんですよ。とっても大事な言葉なんです」。

質問者Ａ　分かりました。とても貴重なメッセージを頂きました。

大川隆法　メシア資格を持った方が、悟りの指導で来られていますね。

質問者Ａ　ありがとうございました。

大川隆法　はい、ありがとうございました。

2　アンダルシアβ《ベータ》星はメシアの修行星《しゅぎょうせい》

（編集注。動画の撮影終了《さつえいしゅうりょう》後、追加でリーディング〔霊言《れいげん》〕を行《おこな》った）

大川隆法　マスター・R・A・ゴール。マスター・R・A・ゴール。こぐま座アンダルシアβ《ベータ》星。マスター・R・A・ゴール……。

マスターR　うん。

質問者A　先ほどお話ししてくださった、マスターR様ですか。

マスターR　うん。

質問者A　すみません。日蓮聖人《にちれんしょうにん》が、出身星を「こぐま座のアルファ・ワン」と言っていたときもあったのですが。

マスターR　うん、うん。

質問者A　アンダルシアβ星との違《ちが》いはありますか。

マスターR　うん、だから、ここは修行《しゅぎょう》に来るところなんだって言っているからね。修行。出身星とは言われないことが多い。

質問者A　なるほど。

●日蓮聖人が……　『大川隆法の「鎌倉でのUFO招来体験」』（前掲）参照。

マスターR　ここは修行場《ば》なんです。

質問者A「アルファ・ワン」というのは、星の名前なんでしょうか。

マスターR　うん、当てはめたんでしょうね。言い方は、別の星の名前はあると思いますけどね。私たちのところは修行星《せい》なので。ここへ、修行のために来るので。いわゆる生活をしているわけじゃないんです。

質問者A　ああ、こぐま座のなかでも、みんないろいろな出身のところから、さらに、そこに修行に行くところなのですか。

マスターR　そうそう。メシアを目指している者が、やって来て修行するところ。

質問者A　なるほど。

マスターR　だから、ひまわりの種やクルミぐらいで一日我慢《がまん》しなきゃいけないときもある。だけど、みんな、悟《さと》りと超能力《ちょうのうりょく》の世界を経験しに来るところです、ということ。

質問者A　こぐま座のなかの、最も霊力《れいりょく》が高い修行場ということですか。

マスターR　誰《だれ》でもは来れないんです。

質問者A　誰でもは来れない。

マスターR　いちおう資格があるんです。

質問者A　なるほど。納得《なっとく》しました。

マスターR　はい。

質問者A　ありがとうございました。

マスターR　人数はそう多くなくて、住んでいるのは、修行中の者、せいぜい三千人ぐらいです。

質問者A　ああ。少ないですね。

マスターＲ　うん。修行星なんです。資格は、ある程度、ほかの星で認められなければ受け入れられない。

質問者Ａ　分かりました。

マスターＲ　はい。

質問者Ａ　ありがとうございます。

第2章　宇宙時代の到来《とうらい》と未来社会

―UFOリーディング14―

二〇一八年十月二十一日　収録
幸福の科学　特別説法堂《せっぽうどう》にて

［質問者はAと表記］

〈リーディング収録の背景〉

本リーディングは、二〇一八年十月二十一日の夜、上空に現れたUFOを調べるため、その場で収録されたものである。

1　ミスターRからのメッセージ

呼吸をするように上下しているオレンジ色の光

大川隆法　ああ、動いていますね。上下している。上下しています。

質問者Ａ　横にも動いているような気もします。

大川隆法　うん、フワフワしていますね。ちょっと、呼吸するような感じの上がり下がりをしていますね。

でも、色は（カメラでは）こんなに違《ちが》うように映るん

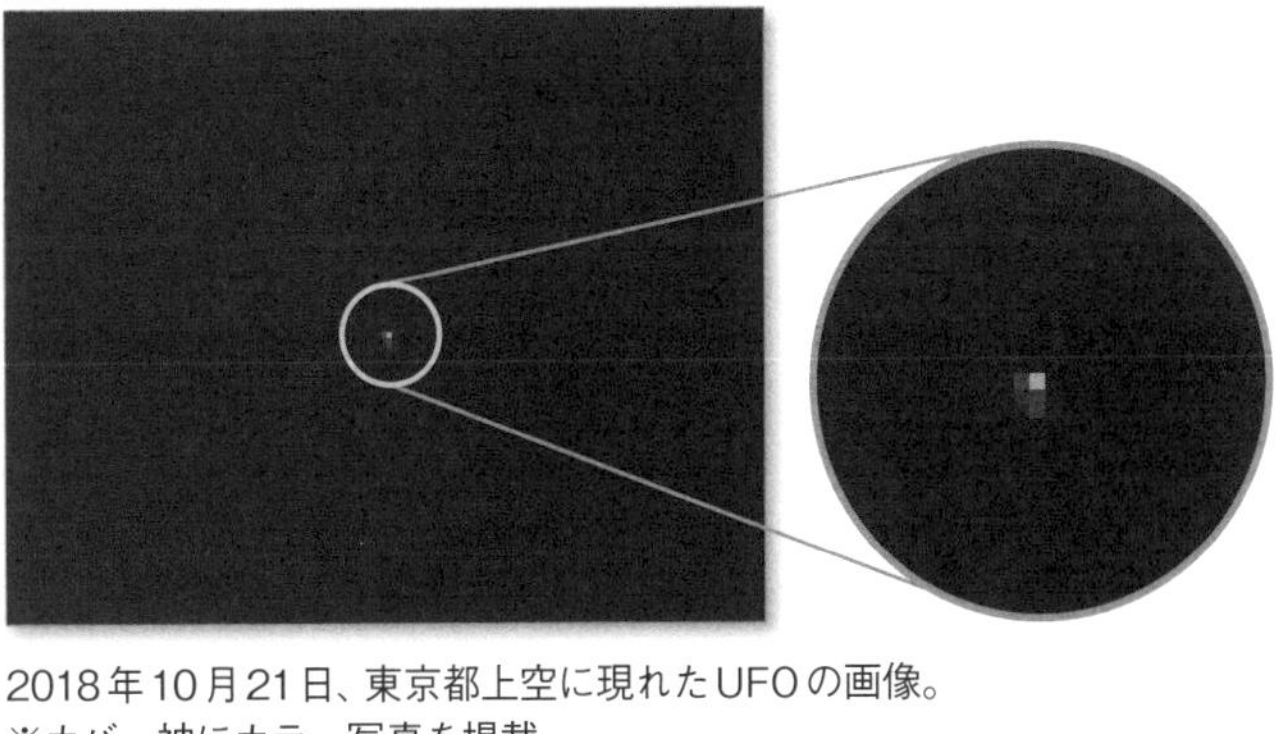

2018年10月21日、東京都上空に現れたUFOの画像。
※カバー袖にカラー写真を掲載。

ですね。

質問者A　実物はもっとオレンジ色なんですよね。

大川隆法　オレンジ色なのにね。でも、ベルリンで見たのと同じ色だ、本当に。

質問者A　本当ですね。

大川隆法　ちょっと話しかけてみましょうか。

では、そこで（カメラに）映っています、オレンジ色の光、オレンジ色に光る物体に話しかけます。

（手を数回叩《たた》きながら）あなたがたは、何かメッセージを持って、いらしていますでしょうか。メッセージを持って、来られていますでしょうか。どちら様でしょ

●ベルリンで見た……　2018年10月3日、ドイツ・ベルリン上空に現れたUFOは、カメラに映る色とは異なり、肉眼ではオレンジ色の光を放っているように見えた。2018年10月3日収録「UFOリーディング」（ニックス星③）参照。

うか。お願いします。今日は、二〇一八年の十月二十一日です。日曜日の夜です。

（約五秒間の沈黙《ちんもく》）

ＵＦＯから返事があり、ミスターＲが現れる

大川隆法　あっ、ああ、ああ、ああ、返事があるね（手を一回叩く）。

質問者Ａ　ありますか。では、ＵＦＯですね。

大川隆法　返事がある、返事がある。うん、返事があります。ああ、本当だ。何か、すごいね。

あっ……、えっ？

（約五秒間の沈黙）

「アンダルシア」が出てきたのかな？　アンダル……。

質問者A　「アンダルシア」。

大川隆法　「アンダルシア」だな。

質問者A　どこでしたっけ。（以前のUFOリーディングで）ありましたよ。

大川隆法　アンダルシア、アンダルシア、アンダルシア。

（約十秒間の沈黙）以前に出たものでしょうか。

質問者A　「アンダルシア」というのは、一つありましたね。「こぐま座アンダルシアβ《ベータ》星」。

大川隆法　「インダルシア」の次に「アンダルシア」が……。「インダルシア」と「アンダルシア」。

質問者A　「こぐま座のアンダルシア」。

大川隆法　では、あちらのほうですか。修行星《しゅぎょうせい》のほうかな。

質問者A　そうなんです。

※以下、「　」内のゴシック体の部分は、大川隆法がリーディングした宇宙人の言葉である。

大川隆法　「アンダルシア」と言っているように聞こえます。

質問者A　アンダルシア、ミスターR様?

大川隆法　アンダルシア星人のほうですか。アンダルシア星人のほうですか。

（約五秒間の沈黙）

「はい。アンダルシア、ミスターRで間違いありません」と言っています。

質問者A　救世主レベルの方ですね。この間、お話ししてくださった方。

大川隆法　「そうです。だから、格が高い」。

質問者A　もう一回来てくださったということですか。

●ミスターR　R・A・ゴールの通称。本書p.188参照。

大川隆法　「そうです。はい、はい」。

質問者Ａ　見えますか。手を振《ふ》っています。

大川隆法　「はい、はい、見えます。心配しながら、見守っています」と。

質問者Ａ　ありがとうございます。

「今までとは違《ちが》うことが起きる」というメッセージ

大川隆法　「今日は『宇宙の法』が（公開から）二週目になったけど、頑張《がんば》っているようで、よかったです。私たちも観察していますが、地球での、あるいは日本での盛り上がりに対して、非常に関心を持っています」。

●宇宙の法　2018年10月公開のアニメ映画「宇宙の法―黎明《れいめい》編―」。製作総指揮・大川隆法。

質問者A　はい。千眼美子《せんげんよしこ》さんのザムザ役（声優）も人気ですよ。

大川隆法　「そうですね」。

質問者A　ああ、動きますね、これ。

大川隆法　動くね。ずいぶん右に……。

質問者A　動いていますね。

大川隆法　右に行った。右に行ったり、肉眼で見ると、たまに左に行ったりすることもあります。

●ザムザ　アニメ映画「宇宙の法―黎明編―」に登場する宇宙人。宇宙最強と称される、ゼータ星の女帝レプタリアン。

質問者A　ちょっとフラフラしている感じですね。

大川隆法　うーん。かなり移動しましたね。

アンダルシアのミスターRさん。今日、何か特別にメッセージがあれば、お願いします。

（約五秒間の沈黙）

「今までとは違《ちが》うことが起きる」というようなことを言っています。

「今までとは違うことが起きる」。

うん。それは何ですか。「今までと違うこと」とは何でしょうか。

（約五秒間の沈黙）

「あなたがたにとっては普通《ふつう》のことかもしれないけれども、たぶん、日本とアメリカのいろんなところで、UFO目撃《もくげき》情報、宇宙人目撃情報等が、もうすぐ、いっぱい報告されるようになるだろう」というようなことを言っています。

質問者A　なるほど。

「ミスターR」が示す、未来社会の方向性

大川隆法　「それから、今日は、今の地球の機械文明の、これから先がどうなるかを話していました」と。

ああ、（UFOが）横に揺《ゆ》れていますね。

質問者A　はい。NHKのドラマ「フェイクニュース」も観《み》たんですよ。

大川隆法　「ええ。何か未来科学について質問があれば、私がお答えします」。

質問者A　今、地球では、インターネット社会が広がっております。みんなが個人

でスマホから発信もできるようになりました。未来社会はどうなっていくんでしょうか。

大川隆法　「うーん……。まあ、次、『情報の選択《せんたく》の問題』が出てくるので、そうした情報の取捨選択をする、大きめのマスコミに代わるものが、やはり、その社会にも必要になってくるでしょうね。瞬間《しゅんかん》的に、コンピュータを通して情報の質を見分けるようなものが必要になって、そういう事業ができてくるはずです。
　それから、もう一つは、それを超《こ》えて、もう本当に超能力《ちょうのうりょく》の世界に足を踏《ふ》み込《こ》んでくるのは、間違いなく踏み込んでくると思います」ということは言っていますね。

質問者A　うーん、なるほど。

大川隆法　（ＵＦＯが）ずいぶん動きましたね。

2　アンダルシアβ《ベータ》星の生活について

肉体への執着《しゅうちゃく》をなくしていくと、どうなるか

質問者Ａ　こぐま座のアンダルシアβ《ベータ》星は、科学は地球よりも発達しているじゃないですか。でも、食べ物は、クルミとかも食べていらっしゃるじゃないですか。

大川隆法　「アッハッハッハッハッハ（笑）。いや、もうね、肉体への執着《しゅうちゃく》は最後になってきてはいるんですよね」。

質問者Ａ　この間、ヤスパースさんが出てくださいました。「シンパシー星」です。

●ヤスパースさんが……　2018年10月9日にドイツで撮影したUFO写真を後日リーディングしたところ、地球での転生《てんしょう》を卒業し、宇宙的存在となったドイツの哲学者カール・ヤスパース（1883～1969）が現れ、白龍座《はくりゅうざ》シンパシー星から来たと語った。『UFOリーディング（白龍座シンパシー星人：カール・ヤスパース）』参照。

大川隆法　「ああ、はい」。

質問者Ａ　ちょっと近い感じでしょうか。あちらも、もう肉体か霊体《れいたい》か……。

大川隆法　「うーん。われわれは、直接に星を訪問して話し合ったりはしないんですけれども、『肉体から離《はな》れてお会いする』というようなことはあります。そういうかたちで、もうすでに、要するに、こちらが実在の世界ですから、そちらのほうでお会いしたりはするんですよ。

だから、肉体の負担は軽いほうがいいので。あんまり、肉体を動かすのにすごいエネルギーが要《い》るようでは、それはできないので。負担は軽いほうがいいんです」と言っていますね。

質問者Ａ　なるほど。

大川隆法　「ヤスパースさんとかも会えますよ」と話しています。「でも、こちらのほうがだいぶ先輩《せんぱい》なので」。

質問者Ａ　あっ、そうなんですか。

大川隆法　「まあ、（ヤスパースは）新人ですから」。

質問者Ａ　ああ、そうか。

大川隆法　「あちらはね、まだちょっと、そんなレベルではありません。私のほうが、もうちょっと上のレベルまで行っているので」と。

ＵＦＯの形や大きさについて訊《き》く

質問者Ａ　ちなみに、今日、総裁先生が目視《もくし》したところでは、「見えている光の周りに、もう少し大きい感じに見える白いモヤッとした感じのものが、まだ外枠《そとわく》としてあるように見える」とおっしゃっていたんですけど、ＵＦＯはどんな形をしていますか。

大川隆法　「乗り物の回りの形は、今、肉眼で見えているお月様よりも大きいです」と。

質問者Ａ　ええーっ。

大川隆法　「目視されている、あれよりも大きくて。

今あるのは、何て言うかな、部屋のなかにあるシャンデリア型の電球？　あれのいちばん下の、ぶら下がっているところ？　ここが、今、見えている明かりなんです」と。

質問者Ａ　ああ、なるほど。

大川隆法　「その上は、もうシャンデリアみたいな形になっていて、先の部分が、今、光っているんです」と言っていますね。

質問者Ａ　なるほど。

今日は月が明るいですね。

大川隆法　「大きさで言うと、どうか。だから、シャンデリア型……、シャンデリアというか、半球型なので。どこで大きさを言うべきかは、ちょっと分かりにくいですが、最大直径で言うと、五十メートルぐらいかな」と言っています。

アンダルシアβ《ベータ》星では、思いが即《そく》通信になる

質問者A　（約五秒間の沈黙《ちんもく》）地球では、今、携帯《けいたい》電話、スマートフォンが普及《ふきゅう》しておりますが、こぐま座のみなさまは、個人で連絡《れんらく》を取り合ったりするときは、そういう機械は使わないということですか。

大川隆法　「ああ、使わないです。それは（笑）、そんな後《おく》れた生活は、もうしていませんので」。

質問者A　テレパシー？

大川隆法　「ええ、そうです。われわれは、思いが即《そく》通信になるので。思いは、もう、〝ツーツー〟です。それは、ものすごい距離《きょり》まで届きます」。

質問者A　では、本当に、霊界《れいかい》にいる感じに近いんですよね？

大川隆法　「ああ、ほとんど、もう一緒《いっしょ》ですね」。

質問者A　では、思っていることがバレてしまうんですね。

大川隆法　「ええ。まあ、それでもつようでなければ、このレベルまで来ないので。そういうね、下世話な、人を騙《だま》せるとか、いわゆるフェイクニュース的なもので騙せるような世界の住人が、私たちの世界に来ることはできない」と。

（ＵＦＯが画面から）もう、切れかかっていますね。かなり動いたね、これは。

本当に静かに動いていくね。

「ほかには、ないかな?」

質問者A　冒頭《ぼうとう》で、「日本とかアメリカで、UFOが頻繁《ひんぱん》に見られるようになる」とおっしゃっていましたけれども、今、宇宙の方たちは、いちおう、地球の人にそういうものを見せようとする計画を持っているということですか。

大川隆法　「関係のある人たちは、今、あちこちで、夢を見たとか、またしても金縛《かなしば》りに遭《あ》っただとか、霊視《れいし》しただとか、いろんなことが起き始めていますから。しばらくすると、来月ぐらいになると、そんな報告が出てくると思いますよ」。

質問者A　なるほど。

大川隆法　今、あの星の右側のちょっと先に、チカッと火花みたいに、線香花火《せんこうはなび》の
あの光みたいなものがピカッと光ったから、外側にちょっと船体があるんですよ、
まだ何か。

質問者Ａ　なるほど。

大川隆法　動いていきますね、やっぱりね。
アンダルシア星のＲさんは、これでいいでしょうか。

質問者Ａ　はい。マスターＲさん、応援《おうえん》してくださっている勢力もあると思うと、
心強くなれるので、ありがとうございます。

大川隆法　「はい。任せておいてください、いざというときは」。

質問者A　よろしくお願いいたします。

大川隆法　（手を一回叩《たた》く）はい。

あとがき

日本はもはや、UFOや宇宙人情報の後進国ではない。幸福の科学が伝えているものは、アメリカ合衆国やロシア、中国より遅れてはいない。

コロナ・パンデミックの発生や、中国の野心、外交のあるべき方針がいち早く宇宙存在から伝えられてきたのだから。

宇宙情報は、宏大無辺《こうだいむへん》で、そう簡単には全容は明らかにできないが、地球を守ろうとしている主流勢力に対し、闇宇宙のアーリマンの勢力が、中国をベースとして広がろうとしているのは事実である。

しかし、R・A・ゴールやヤイドロン、メタトロンという宇宙存在は、中国包囲網をつくり、自由、民主、信仰の価値観を広げようとしている。これに対し、アーリマンは、ＡＩによる人類管理と、独裁の効率化を押し進めようとしている。すでに宇宙戦争は始まっているのだ。

二〇二〇年　九月二十二日

幸福《こうふく》の科学《かがく》グループ創始者兼総裁《そうししゃけんそうさい》　大川隆法《おおかわりゅうほう》

『地球を見守る宇宙存在の眼』関連書籍

『太陽の法』（大川隆法 著　幸福の科学出版刊）

『守護霊霊言　習近平の弁明』（同右）

『中国発・新型コロナウィルス感染 霊査』（同右）

『中国発・新型コロナウィルス 人類への教訓は何か
　――北里柴三郎 R・A・ゴールの霊言――』（同右）

『イエス　ヤイドロン　トス神の霊言』（同右）

『ウィズ・セイビア　救世主とともに
　――宇宙存在ヤイドロンのメッセージ――』（同右）

『メタトロンの霊言』（同右）

『米大統領選　バイデン候補とトランプ候補の守護霊インタビュー』（同右）

『公開霊言　魯迅の願い　中国に自由を』（同右）

『大中華帝国崩壊への序曲――中国の女神 洞庭湖娘娘、泰山娘娘
／アフリカのズールー神の霊言――』（同右）
『ローマ教皇フランシスコ守護霊の霊言』（同右）
『地球を守る「宇宙連合」とは何か』（同右）
『宇宙人体験リーディングⅡ』（同右）
『大川隆法の「鎌倉でのＵＦＯ招来体験」』（同右）
『ＵＦＯリーディングⅡ』（同右）

※左記は書店では取り扱っておりません。最寄りの精舎・支部・拠点までお問い合わせください。
『こぐま座のタータム１星人』（大川隆法 著　宗教法人幸福の科学刊）

地球《ちきゅう》を見守《みまも》る宇宙存在《うちゅうそんざい》の眼《め》
——R・A・ゴールのメッセージ——

2020年10月6日　初版第1刷

著　者　　大《おお》　川《かわ》　隆《りゅう》　法《ほう》

発行所　　幸福の科学出版株式会社
〒107-0052 東京都港区赤坂2丁目10番8号
TEL(03)5573-7700
https://www.irhpress.co.jp/

印刷・製本　株式会社 堀内印刷所

落丁・乱丁本はおとりかえいたします

ISBN978-4-8233-0219-0 C0030

大川隆法 霊言シリーズ・メシア資格を持つR・A・ゴール

中国発・新型コロナウィルス感染 霊査

中国から世界に感染が拡大する新型ウィルスの真相に迫る！ その発生源や"対抗ワクチン"とは何かなど、宇宙からの警告とその背景にある天意を読み解く。

1,400円

守護霊霊言　習近平の弁明

中国発・新型コロナウィルス蔓延に苦悩する指導者の本心

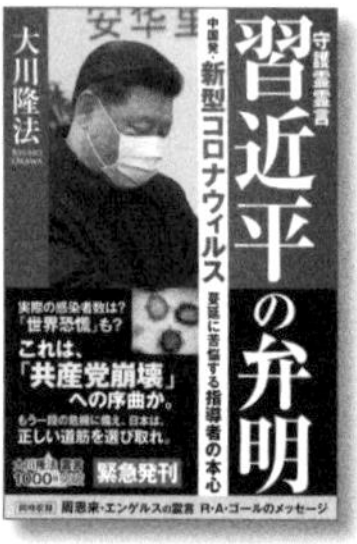

新型肺炎の全世界への感染拡大は「中国共産党崩壊」の序曲か——。中国政府の隠蔽体質の闇、人命軽視の悪を明らかにし、日本が取るべき正しい道筋を示す。

1,400円

中国発・新型コロナウィルス 人類への教訓は何か

北里柴三郎 R・A・ゴールの霊言

未曾有のウィルス蔓延で、文明の岐路に立つ人類——。日本の細菌学の父による「対策の要点」と、宇宙の視点から見た「世界情勢の展望」が示される。

1,400円

「UFOリーディング」写真集

謎の発光体の正体に迫る

2018年夏、著者の前に現れた60種類を超えるUFO。写真はもちろん、彼らの飛来の目的や姿等の詳細なリーディングが詰まった、衝撃の一書。

1,500円

※表示価格は本体価格（税別）です。

大川隆法 霊言シリーズ・宇宙存在からのメッセージ

ウィズ・セイビア 救世主とともに

宇宙存在ヤイドロンのメッセージ

正義と裁きを司る宇宙存在が示す、地球の役割や人類の進むべき未来とは？ 崩壊と混沌の時代のなかで、宇宙人の側から大川隆法総裁の使命を明かした書。

1,400円

イエス ヤイドロン トス神の霊言

神々の考える現代的正義

香港デモに正義はあるのか。LGBTの問題点とは。地球温暖化は人類の危機なのか。中東問題の解決に向けて。神々の語る「正義」と「未来」が人類に示される。

1,400円

メタトロンの霊言

危機にある地球人類への警告

中国と北朝鮮の崩壊、中東で起きる最終戦争、裏宇宙からの侵略──。キリストの魂と強いつながりを持つ最上級天使メタトロンが語る、衝撃の近未来。

1,400円

UFOリーディング Ⅰ・Ⅱ

なぜ、これほどまでに多種多様な宇宙人が、日本に現れているのか？ 著者が目撃し、撮影した数々のUFOをリーディングした、シリーズⅠ・Ⅱ。

各1,400円

マドリード国際映画祭
長編外国語映画部門
最優秀作品賞
レインダンス映画祭
特別上映作品
サンディエゴ国際映画祭
公式選出作品
夜明けを信じて。
すべてを捨て、ただ一人往く。
10.16
Roadshow
製作総指揮・原作 大川隆法
田中宏明 千眼美子 長谷川奈央 並樹史朗 窪塚俊介 芳本美代子 芦川よしみ 石橋保
監督／赤羽博 音楽／水澤有一 脚本／大川咲也加 製作／幸福の科学出版 製作協力／ARI Production ニュースター・プロダクション
制作プロダクション／ジャンゴフィルム 配給／日活 配給協力／東京テアトル © 2020 IRH Press
https://yoake-shinjite.jp/

幸福の科学グループのご案内

宗教、教育、政治、出版などの活動を通じて、地球的ユートピアの実現を目指しています。

幸福の科学

一九八六年に立宗。信仰の対象は、地球系霊団の最高大霊、主エル・カンターレ。世界百二十カ国以上の国々に信者を持ち、全人類救済という尊い使命のもと、信者は、「愛」と「悟り」と「ユートピア建設」の教えの実践、伝道に励んでいます。

（二〇二〇年九月現在）

愛

幸福の科学の「愛」とは、与える愛です。これは、仏教の慈悲《じひ》や布施《ふせ》の精神と同じことです。信者は、仏法真理をお伝えすることを通して、多くの方に幸福な人生を送っていただくための活動に励んでいます。

悟り

「悟り」とは、自らが仏の子であることを知るということです。教学《きょうがく》や精神統一によって心を磨き、智慧《ちえ》を得て悩みを解決すると共に、天使・菩薩《ぼさつ》の境地を目指し、より多くの人を救える力を身につけていきます。

ユートピア建設

私たち人間は、地上に理想世界を建設するという尊い使命を持って生まれてきています。社会の悪を押しとどめ、善を推し進めるために、信者はさまざまな活動に積極的に参加しています。

国内外の世界で貧困や災害、心の病で苦しんでいる人々に対しては、現地メンバーや支援団体と連携して、物心両面にわたり、あらゆる手段で手を差し伸べています。

年間約２万人の自殺者を減らすため、全国各地で街頭キャンペーンを展開しています。

公式サイト **www.withyou-hs.net**

自殺防止相談窓口

受付時間　火～土:10～18時（祝日を含む）

TEL **03-5573-7707** メール **withyou-hs@happy-science.org**

ヘレン・ケラーを理想として活動する、ハンディキャップを持つ方とボランティアの会です。視聴覚障害者、肢体不自由な方々に仏法真理を学んでいただくための、さまざまなサポートをしています。

公式サイト **www.helen-hs.net**

入会のご案内

幸福の科学では、大川隆法総裁が説く仏法真理《ぶっぽうしんり》をもとに、「どうすれば幸福になれるのか、また、他の人を幸福にできるのか」を学び、実践しています。

入会　仏法真理を学んでみたい方へ

大川隆法総裁の教えを信じ、学ぼうとする方なら、どなたでも入会できます。入会された方には、『入会版「正心法語《しょうしんほうご》」』が授与されます。

ネット入会　入会ご希望の方はネットからも入会できます。
happy-science.jp/joinus

三帰《さんき》誓願《せいがん》　信仰をさらに深めたい方へ

仏弟子としてさらに信仰を深めたい方は、仏《ぶっ》・法《ぽう》・僧《そう》の三宝《さんぽう》への帰依を誓う「三帰誓願式」を受けることができます。三帰誓願者には、『仏説・正心法語』『祈願文《きがんもん》①』『祈願文②』『エル・カンターレへの祈り』が授与されます。

幸福の科学 サービスセンター
TEL 03-5793-1727
受付時間／火～金:10～20時　土・日祝:10～18時（月曜を除く）

幸福の科学 公式サイト
happy-science.jp

仏法真理塾「サクセスNo.1」

全国に本校・拠点・支部校を展開する、幸福の科学による信仰教育の機関です。小学生・中学生・高校生を対象に、信仰教育・徳育にウエイトを置きつつ、将来、社会人として活躍するための学力養成にも力を注いでいます。

TEL 03-5750-0751(東京本校)

エンゼルプランV

東京本校を中心に、全国に支部教室を展開しています。信仰に基づいて、幼児の心を豊かに育む情操教育を行っています。また、知育や創造活動を通して、子どもの個性を大切に伸ばし、天使に育てる幼児教室です。

TEL 03-5750-0757(東京本校)

不登校児支援スクール「ネバー・マインド」

TEL 03-5750-1741

心の面からのアプローチを重視して、不登校の子供たちを支援しています。

ユー・アー・エンゼル!(あなたは天使!)運動

障害児の不安や悩みに取り組み、ご両親を励まし、勇気づける、障害児支援のボランティア運動を展開しています。

一般社団法人 ユー・アー・エンゼル

TEL 03-6426-7797

NPO活動支援

学校からのいじめ追放を目指し、さまざまな社会提言をしています。また、各地でのシンポジウムや学校への啓発ポスター掲示等に取り組む一般財団法人「いじめから子供を守ろうネットワーク」を支援しています。

いじめから子供を守ろうネットワーク

公式サイト mamoro.org ブログ blog.mamoro.org

相談窓口 TEL.03-5544-8989

百歳まで生きる会

「百歳まで生きる会」は、生涯現役人生を掲げ、友達づくり、生きがいづくりをめざしている幸福の科学のシニア信者の集まりです。

シニア・プラン21

生涯反省で人生を再生・新生し、希望に満ちた生涯現役人生を生きる仏法真理道場です。定期的に開催される研修には、年齢を問わず、多くの方が参加しています。

全世界212カ所(国内197カ所、海外15カ所)で開校中。

【東京校】 TEL 03-6384-0778 FAX 03-6384-0779

メール senior-plan@kofuku-no-kagaku.or.jp

幸福実現党

内憂外患《ないゆうがいかん》の国難に立ち向かうべく、2009年5月に幸福実現党を立党しました。創立者である大川隆法党総裁の精神的指導のもと、宗教だけでは解決できない問題に取り組み、幸福を具体化するための力になっています。

幸福実現党 釈量子サイト **shaku-ryoko.net**
Twitter **釈量子@shakuryoko**で検索

党の機関紙
「幸福実現党NEWS」

幸福実現党 党員募集中

あなたも幸福を実現する政治に参画しませんか。

○幸福実現党の理念と綱領、政策に賛同する18歳以上の方なら、どなたでも参加いただけます。

○党費:正党員(年額5千円[学生 年額2千円])、特別党員(年額10万円以上)、家族党員(年額2千円)

○党員資格は党費を入金された日から1年間です。

○正党員、特別党員の皆様には機関紙「幸福実現党NEWS(党員版)」(不定期発行)が送付されます。

＊申込書は、下記、幸福実現党公式サイトでダウンロードできます。

住所:〒107-0052 東京都港区赤坂2-10-8 6階 幸福実現党本部

TEL **03-6441-0754** FAX **03-6441-0764**

公式サイト **hr-party.jp**

幸福の科学出版

大川隆法総裁の仏法真理の書を中心に、ビジネス、自己啓発、小説など、さまざまなジャンルの書籍・雑誌を出版しています。他にも、映画事業、文学・学術発展のための振興事業、テレビ・ラジオ番組の提供など、幸福の科学文化を広げる事業を行っています。

アー・ユー・ハッピー？
are-you-happy.com

ザ・リバティ
the-liberty.com

幸福の科学出版
TEL **03-5573-7700**
公式サイト **irhpress.co.jp**

THE FACT

ザ・ファクト
マスコミが報道しない「事実」を世界に伝えるネット・オピニオン番組

ザ・ファクト 検索

NEW STAR PRODUCTION

ニュースター・プロダクション

「新時代の美」を創造する芸能プロダクションです。多くの方々に良き感化を与えられるような魅力あふれるタレントを世に送り出すべく、日々、活動しています。 公式サイト **newstarpro.co.jp**

ARI Production

ARI《アリ》 Production《プロダクション》

タレント一人ひとりの個性や魅力を引き出し、「新時代を創造するエンターテインメント」をコンセプトに、世の中に精神的価値のある作品を提供していく芸能プロダクションです。 公式サイト **aripro.co.jp**

大川隆法　講演会のご案内

大川隆法総裁の講演会が全国各地で開催されています。講演のなかでは、毎回、「世界教師」としての立場から、幸福な人生を生きるための心の教えをはじめ、世界各地で起きている宗教対立、紛争、国際政治や経済といった時事問題に対する指針など、日本と世界がさらなる繁栄の未来を実現するための道筋が示されています。

2019年12月17日 さいたまスーパーアリーナ「新しき繁栄の時代へ」

2019年10月6日 ザ ウェスティン ハーバーキャッスル トロント(カナダ)「The Reason We Are Here」

2019年7月5日 福岡国際センター「人生に自信を持て」

2019年3月3日 グランド ハイアット 台北(台湾)「愛は憎しみを超えて」

2019年7月13日 ホテル イースト21 東京「幸福への論点」

講演会には、どなたでもご参加いただけます。
最新の講演会の開催情報はこちらへ。⟹

大川隆法総裁公式サイト
https://ryuho-okawa.org